wer bist DU denn??
Huch?!

Oetinger

Anna Böhm ist 1975 in Berlin geboren, wo sie noch immer mit ihrer Familie lebt. Sie hat am Theater gearbeitet, an der Filmhochschule Drehbuch studiert und zahlreiche Hörspiele und Kinderbücher geschrieben. So hat sie auch Emmi & Einschwein erschaffen, die seit 2018 im Verlag Friedrich Oetinger erscheinen. Wenn sie nicht Autorin geworden wäre, hätte Anna ihr Glück vermutlich als Polizistin versucht.

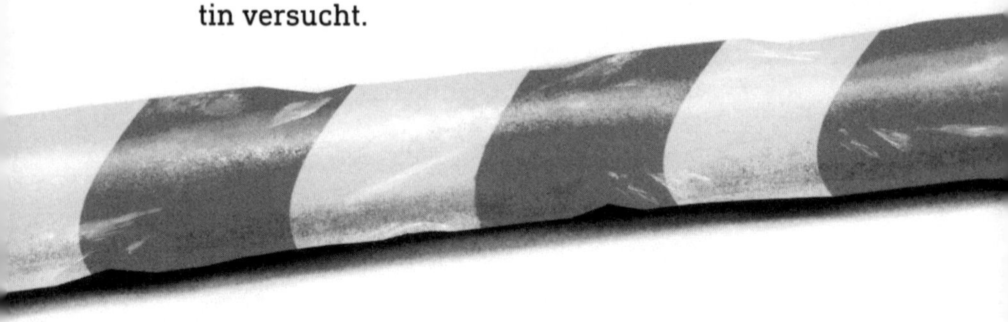

Ramona Wultschner studierte Visuelle Kommunikation an der Hochschule für Gestaltung in Pforzheim, bevor ihre Arbeit bei einem Trickfilmstudio in Köln sie nach Neuss zog. Von dort aus wirkt sie als selbstständige Illustratorin bei Trickfilmproduktionen, Kinderbüchern und Spiele-Entwicklungen mit. Am liebsten ist sie in der Natur, spielt mit ihren verrückten Katzen, isst pappsüßes Zeug und zeichnet oder malt in ihren Skizzenblock, den sie immer bei sich trägt.

Anna Böhm

DIE TIERPOLIZEI

Mach dich nicht zum Affen!

Mit Illustrationen
von Ramona Wultschner

Verlag Friedrich Oetinger · Hamburg

Mehr von Anna Böhm bei Oetinger

Die Tierpolizei: Kommissare mit Fell und Feder

Die Tierpolizei: Ohren hoch oder es knallt!

Die Tierpolizei: Mach nicht so 'ne Welle

Die Tierpolizei: Das könnt ihr euch abschminken!

Emmi & Einschwein: Einhorn kann jeder!

Emmi & Einschwein: Im Herzen ein Held!

Emmi & Einschwein: Ganz vorn mit Horn!

Emmi & Einschwein: Kein Weihnachten ohne Puddingschuhe!

Emmi & Einschwein: Ein Fall für Sherlock Horn

Emmi & Einschwein: Fabelwesen zelten selten

MIX
Papier | Fördert gute Waldnutzung
FSC® C014496
FSC www.fsc.org

1. Auflage

vermittelt durch die Literarische Agentur Kossack

Lektorat: Carla Felgentreff
Druck und Bindung: GGP Media GmbH,
Karl-Marx-Straße 24, 07381 Pößneck, Deutschland
Printed 2023
ISBN 978-3-7512-0298-5

www.oetinger.de

INHALTS-VERZEICHNIS

DIE TIERPOLIZEI

FLOPSON (Katzenbärin)

Kopf voller Ideen
mutig und treu
talentierte Spürnase

HAUPTKOMMISSARIN

Fridolin (Falabella)

verträumt und lieb
futtert gern
sehr, sehr stark

DAS PONY FÜRS GROBE

Meili (Blaumeise)

kennt alle Vögel
großes, goldenes Herz
neugierige Spionin

DIE GEHEIME MEILI

Jack (Teddyhamster)

liebenswerter Grummel
superflauschiges Fell
Bastler und Tüftler

FINGERABDRÜCKLER

IM TIERPARK GIBT'S ABER VIELE MENSCHEN!

»Aus dem Weg!«, wieherte Pony Fridolin. »Hier kommt die Tierpolizei!« Das Pony galoppierte wild durch die Straßen. Einige Menschen sprangen zur Seite, andere blieben stehen und staunten, denn ein Pony, das ein blinkendes Blaulicht auf dem Kopf hat, sieht man nicht alle Tage.

Fridolin war ein Falabella, und das sind die kleinsten Ponys der Welt. Sie sind gerade mal so groß wie ein großer Hund. Menschen können nicht auf ihnen reiten – Hamster allerdings schon. Deshalb saß Hamster Jack wie ein flauschiger kleiner Ritter auf Fridolins Rücken und trieb ihn zur Eile an. Sein Teddyfell stand wild ab, denn der Hamster war voller Eifer. Ein neuer Fall wartete auf sie!

»Den Typen schnappen wir uns!«, rief Meili, die Blaumeise. Sie flog über den Köpfen ihrer Kollegen herum und machte sie damit ziemlich nervös.

»Meili, hör auf, mir um die Nase zu flattern. Ich bin auch so schon total unruhig!«, rief Flopson, die Chefin der Polizeitruppe. Jeder neue Fall war aufregend, aber dieser hier ... Herrje! Dieser war einfach der aufregendste aller Fälle.

Flopson war eine Katzenbärin. Ja, gut, Katzenbären leben eigentlich im Gebirge von China und Tibet, aber Flopson war im Wohnzimmer einer seltsamen Dame aufgewachsen, die Frau Huppenschuh hieß. Daher hatte sie noch nie im Leben andere Katzenbären gesehen. Bis zu diesem Morgen. Da war nämlich die kleine Katzenbärin Koko bei ihnen im Polizeirevier aufgekreuzt und hatte die vier Polizisten um Hilfe gebeten. Koko war viel jünger als Flopson, sah ihr aber ansonsten sehr ähnlich.

Während sie mit Blaulicht durch die Stadt in Richtung Tierpark jagten, erzählte Koko noch

mal die ganze schlimme Geschichte. Ein fieser, riesiger und gefährlicher Riesenschupp war aus seinem Gehege ausgebrochen. Er schlich nachts durch den Tierpark und versetzte die anderen Tiere in Angst. Und das Schlimmste: Der Riesenschupp hatte schon drei Tiere geholt. In der letzten Nacht war nun auch noch die Katzenbärin Jasmin verschwunden, und da hatte es den anderen Katzenbären gereicht.

»Ich bin heimlich aus unserem Gehege geschlüpft. Und dann habe ich mich aus dem Tierpark davongemacht, um die Tierpolizei zu rufen. Nämlich euch.« Stolz lächelte Koko Flopson an.

Unerwartet stoppte nun Pony Fridolin. »Es duftet. Nach Essen!« Schon schob das Pony seine Schnauze in einen Mülleimer und zog einen Apfel und eine halbe Mohrrübe heraus.

Die anderen ließen ihn in deutlichen Worten wissen, dass es sehr daneben war, mit einem Blaulicht auf dem Kopf am Mülleimer anzuhalten und erst mal gemütlich zu futtern. Das sah sogar das Pony ein, und es rannte weiter. Die anderen folgten ihm.

»Wie sieht so ein Riesenschupp eigentlich aus?«, fragte Blaumeise Meili und setzte sich auf den Kopf der kleinen Koko.

»Weiß ich nicht«, sagte Koko.

Meili flatterte weiter zu Flopson. »Und du?«

Flopson wusste auf viele Fragen eine Antwort, denn sie hatte bei ihrer alten Besitzerin Frau Huppenschuh oft ferngesehen. Dort hatte sie auch so viele Krimis geguckt, dass sie fast alles über Polizeiarbeit wusste. Aber jetzt zuckte sie mit den Schultern. »Einen Riesenschupp habe ich im Fernseher nie gesehen. Keine Ahnung, was das für ein Tier ist.«

Obwohl sie noch an einigen Mülltonnen voller Leckereien vorbeirannten, blieb Fridolin kein zweites Mal stehen. Und das wollte was heißen!

Vor einer gelben, sehr langen Mauer stoppte Koko. »Wir sind da!«, rief sie.

Hinter der Mauer konnte Flopson viele Bäume sehen. Alte Bäume mit großen, runden Baumkronen. Und einige Häuser. Frische Luft und der Duft von grünen Blättern wehten von dort drüben in Flopsons feine Nase. Aber sie konnte noch mehr erschnuppern. Tiere! Stroh! Futter! Tiermist! Es war eine wilde Mischung aus tierischen Gerüchen. Sie schüttelte sich.

Das war er also, der Tierpark, in dem so viele unterschiedliche Tiere lebten.

»Mir nach!« Die kleine Katzenbärin Koko sprang auf eine hohe und dicke Kastanie zu, die direkt vor der Mauer wuchs. Sie grub ihre spitzen Krallen in die Rinde des Baums, kletterte daran hoch und setzte sich auf den untersten Ast. Zufrieden winkte sie den Tierpolizisten. »Kommt hoch!«, rief sie.

Die vier Kommissare blieben allerdings unten stehen. Sie starrten abwechselnd den Baum, die kleine Katzenbärin und sich gegenseitig an. Erstaunen machte sich in ihren Gesichtern breit.

»Das ist der Eingang?«, fragte Meili. Wer sie kannte, merkte, dass ein leicht ärgerlicher Ton mitschwang.

»Ja, genau. Super, ne? Los, kommt mal endlich!«, rief Koko. »Wir müssen uns beeilen. Gleich ist Fütterung. Wenn ich bis dahin nicht zurück bin, merken sie, dass eine Katzenbärin fehlt. Und dann – oh, dann ist was los!«

Aber die vier blieben bewegungslos unten stehen. Na ja, eigentlich nur drei. Meili flatterte hoch auf den Ast, auf dem Koko saß.

»Herzchen, hast du schon mal gesehen, wie ein Pony einen Baum hochklettert?«, fragte die Blaumeise.

Koko schüttelte fröhlich den Kopf. »Nee, aber ich bin schon ganz gespannt, wie es aussehen wird. Bestimmt lustig.« Sie kicherte.

Fridolin war der Einzige, der mitkicherte. »Ja, wäre lustig.«

Hamster Jack sah dagegen gar nicht erheitert aus. »*Wäre!* Das interessante Wort hier ist *wäre*. Es *wäre* lustig. Wenn es denn ginge. Aber natürlich können Ponys nicht auf Bäume klettern.« Er schnaufte vor Empörung.

»Und Hamster?«, fragte Koko neugierig.

»Hamster auch nicht«, muffelte Jack leise in sein Teddyfell.

»Koko, das ist kein Eingang, den wir benutzen können«, erklärte Flopson.

»Oh, ach so!«, sagte Koko und verzog ihre kleine Schnute. Sie blickte Flopson an. »Dann musst du dir eben was einfallen lassen. Ist ja deine Tierpolizei. Ich muss los. Opa hat gesagt, dass ich unbedingt vor der Fütterung zurück sein soll. Sonst suchen mich alle Pfleger.« Mit diesen Worten tapste sie leichtfü-

ßig über den Ast. Sie drehte sich noch einmal um. »Und beeilt euch, bevor noch ein Tier verschwindet. Wir warten in unserem Gehege auf euch!«

»Hey, warte mal«, rief Flopson. »Wir wissen gar nicht, wo wir sind.«

Aber Koko sprang einfach auf der anderen Seite der Mauer vom Ast. Flopson stellte die Ohren auf. Sie konnte hören, wie die junge Katzenbärin im Gras landete und davonrannte.

»Und jetzt?«, meckerte Jack. »Das ist hier ein Blaulichteinsatz, Leute! Wir haben es eilig und kommen nicht rein!«

Oh! Flopson blickte zum Pony hoch. Das Licht blinkte sehr auffällig. Sie erklärte Fridolin, dass er das Blaulicht auf seinem Kopf ausstellen musste. »Sonst sehen uns die Menschen.«

Es gefiel Fridolin nicht, aber Jack kletterte einfach auf den Ponykopf und schaltete das Blaulicht aus.

Meili sah sich um. »Bestimmt gibt es auch einen normalen Eingang zu diesem Tierpark.«

Jack meinte, das müsse ja wohl so sein, da Menschen ebenso wenig auf Bäume kletterten wie Ponys.

»Du bist sooo ein kluger Hamster!«, brüllte Fridolin begeistert.

»Ruhe!«, brüllte jemand in Tiersprache zurück.

Die laute, tiefe und kräftige Stimme klang so furchterregend, dass Jack sich an Fridolin drückte und Fridolin an Jack.

»Wer war das?«, hauchte Jack.

»Ein Tier?«, schlug Fridolin vor.

Alle sahen ihn fassungslos an.

»Na ja, is' 'n Tierpark«, erklärte das Pony. »Da gibt's bestimmt Tiere.«

»Das wissen wir selbst!«, rief Jack und haute sich an die flauschige Stirn. »Das ist doch klar! Bloß was für eins?«

»Ein großes«, sagte das Tier von drüben.

Oh! Die vier Polizisten sahen sich an. Ohne ein Wort war klar, was sie dachten. War das Tier hinter der Mauer etwa ...

»Der Riesenschupp?!«, keuchte Fridolin.

Das Tier schnaufte. »Pah! Alle reden nur noch vom Riesenschupp. Dabei bin ich viel größer und stärker.«

»Bist du ein Riesen-Riesenschupp?«, fragte Fridolin.

»Pah«, sagte das Tier nur noch einmal.

Flopson merkte, dass ihre Kollegen ordentlich viel Angst hatten. Dabei wussten sie nicht mal, was es überhaupt für ein Tier war. Außerdem saß es auf der anderen Seite der Mauer, sie waren also in Sicherheit. »Hallo!«, rief sie mit fester Stimme. »Gibt es hier einen Eingang?«

»Weiß ich doch nicht«, war die Antwort der tiefen und wild klingenden Stimme. »Ist ja nicht so, dass ich im Tierpark rumlaufen würde. Aber wenn ihr den Eingang gefunden habt, müsst ihr mich unbedingt besuchen kommen.«

Uuuh! Flopson hörte ein leises Schmatzen, das ihr einen Schauer über den Rücken jagte. Als ob jemandem das Wasser im Munde zusammenlief. Sie blickte ihre Kollegen an. »Kommt, wir suchen den Eingang.«

»Du darfst vorgehen, weil du die Chefin bist«, erklärte Fridolin. Jack und Meili nickten. Die Blaumeise, deren Nackenfedern noch immer abstanden, setzte sich neben Jack auf den Ponyrücken.

Flopson schüttelte ihre Angst ab. So mutig wie möglich tippelte sie voran, immer unter Büschen dicht an der Mauer entlang, damit niemand sie entdeckte. Sie schob sich durch ein langes Gebüsch mit dunkelgrünen Blättern, die nach Gurke rochen, und hob ihre Pfoten über allerhand Unrat.

Jack blickte zu Boden. »Diese Menschen! Überall lassen sie ihren Müll fallen«, beschwerte sich der Hamster.

Schon bald gelangten sie – nicht an eine Tür. Aber

dafür an einen riesigen Parkplatz. Oh weh! Was war denn hier los? So viele Autos hatte Flopson noch nie auf einer Stelle gesehen. Kleine und große, alte und neue Autos standen ordentlich in Reihen nebeneinander. Der Boden bestand nur aus hartem Beton, und dazwischen wuchs nicht mal ein Grashalm. Hupps! Schon fuhr das nächste Auto heran. Erschrocken sprang Flopson zur Seite. Oh! Auf der anderen Seite kam noch eins angetuckert.

Aber hier war es nicht nur voller Autos, sondern auch voller Menschen. Sie stiegen aus, liefen über den Parkplatz oder standen an den Kassen an. Einige schleckten Eis, andere fuhren ihre Kinder in Bollerwagen herum.

»Im Tierpark gibt's aber viele Menschen!«, rief Fridolin erschrocken. Er und die beiden kleinen Polizisten auf seinem Rücken hatten das Gebüsch übrigens gar nicht erst verlassen.

Flopson wollte zurück unter die Büsche springen und sich zusammen mit den anderen Tierpolizisten verstecken. Aber in diesem Moment entdeckte sie ganz hinten, am Ende der Autoreihen, ein riesiges Tor. EINGANG stand in großen Buchstaben darüber.

UND WO SIND DIE TIERE?

EINGANG? Flopson las das Schild gleich noch einmal. Sie konnte nämlich lesen, das hatte sie sich bei Frau Huppenschuh selbst beigebracht, weil es im Wohnzimmer dieser Dame so schrecklich langweilig gewesen war. Schließlich lieben Katzenbären das Abenteuer und keine kleinen Wohnungen mit guten Sofas und feinen Deckchen.

»Wir haben den Eingang gefunden!«, rief sie und zeigte auf das große Schild.

Ihre drei Kollegen lugten mit den Köpfen zwischen den Büschen hervor. Aber sie bewegten sich nicht von der Stelle.

»Nee«, sagte Jack.

»Das ist mir hier zu ... Auto«, sagte Fridolin.

»Und zu ... Menschen«, ergänzte Meili.

»Tierpolizisten müssen mutig sein«, sagte Flopson. Nein, eigentlich sagte sie es nicht. Sie *wollte* es

sagen, wurde jedoch direkt nach dem ersten Wort gestoppt. Denn jemand griff nach ihr!

»Guck mal, da ist schon eins! Ein echtes! Ein Tier«, rief ein kleines Kind mit aufgeregter Stimme. »Es hat sogar Fell!« Zwei – nein, vier – nein, sogar fünf Kinderhände griffen nach Flopson! Lauter kleine Gesichter blickten sie begeistert an.

»Weg hier!«, keuchte Flopson ihren Freunden zu, sprang zurück ins Gebüsch und verschwand im Dickicht.

Sie stoppte erst, als sie wieder an der großen Kastanie ankam. Außer Atem, mit erschrocken aufgerissenen Augen und abstehendem Fell ließ sie sich auf den Bordstein fallen.

Dieses Gefühl, eingefangen zu werden ... Ihr war, als hätte sie das schon mal erlebt. Auf jeden Fall war es schrecklich, und sie konnte es immer noch am ganzen Körper spüren.

Fridolin blickte schief an der gelben Mauer hoch. »Und jetzt? Jack und ich können immer noch nicht klettern. Genau wie vorhin.« Er sah Flopson entschuldigend an. »Oder sollen wir es mal versuchen, Chefin?«

»Natürlich nicht!«, rief Jack. »Wir tun uns nur weh.«

Nun hörten sie von der anderen Seite der Mauer wieder das Schmatzen. »Ich kann euch riechen. Ihr habt geschwitzt«, rief die tiefe Stimme.

»Wir mussten ... weglaufen ... vor den Menschen«, schnaufte Flopson.

»Ja, die sind den ganzen Tag hier, die Menschen«, sagte die tiefe Stimme.

»Warum denn bloß?«, fragte Fridolin erstaunt. »Ist doch 'n Tierpark. Für Tiere.«

Hamster Jack verdrehte gleichzeitig die Augen und wedelte mit den Armen. »Also, Pony! Gerade *weil* es ein Tierpark ist!«

»Na eben. Ein Tierpark. Jedes kluge Pony weiß, dass es im Tierpark Tiere gibt. Aber warum laufen da so viele Menschen rum?«, fragte Fridolin.

Die tiefe Stimme lachte. »Los, du kleines Tier mit der Piepsstimme, erklär das mal deinem Kumpel!«

»Nicht in dem Ton!«, keifte Jack erbost und verschränkte die Arme.

Flopson legte Jack eine Pfote auf seinen flauschigen Rücken. »Ärgere dich nicht, da hat jemand einfach eine große Klappe.«

»Oh ja!«, sagte das Tier. »Eine sehr große.«

Flopson erklärte Fridolin, dass viele Menschen gern in den Tierpark gingen, weil sie dort Tiere aus aller Welt sehen konnten. Sie bezahlten sogar Geld für den Eintritt, weil sie es so spannend fanden.

»Die wollen alle nur mich sehen«, sagte das Tier hinter der Mauer. »Ist klar, ich würde auch Geld dafür bezahlen, mich zu sehen. Also, wenn ich nicht sowieso schon ich wäre.«

Meili verdrehte die Augen. »Was bist du denn für ein großartiges Tier?«, rief sie.

»Komm doch gucken. Ich freue mich immer über den Besuch von kleinen Tieren«, war die Antwort, die wieder von dem genüsslichen Schmatzen begleitet wurde.

Flopson überlegte. Dann beugte sie sich zu ihren Kollegen. »Ich glaube, dass das Tier mit der großen Klappe in einem Gehege sitzt«, flüsterte sie. »Wir brauchen gar keine Angst vor ihm zu haben.«

»Schluss mit Tuscheln!«, rief das Tier von drüben.

Jack schnaufte. »Wir tuscheln, so viel wir wollen, du Pfeife!«

»Was? Ich verstehe dich nicht mit deinem Piepsstimmchen.«

Jack wollte etwas erwidern, aber Flopson zwinkerte ihm zu. »Wir würden ja zu dir kommen, aber wir finden keinen Eingang!«, rief sie.

»Die anderen Stadttiere sind viel klüger und mutiger als ihr«, rief das Tier mit der tiefen Stimme zurück. »Sie haben ein Loch in der Mauer gefunden, weiter hinten. Aber es ist unter einem Schild versteckt, das findet ihr eh nicht.«

Die vier Tierpolizisten sahen sich an. Ohne ein weiteres Wort setzten sie sich in Bewegung und liefen in die Richtung, die nicht zum Eingang der Menschen führte. Jack schimpfte unterwegs die ganze Zeit, weil er es nicht ertrug, dass das Tier behauptet hatte, sie seien dumm und ängstlich. »Ich bin ein freier Hamster. Niemand redet so über Hamster Jack oder über die Tierpolizei!«

Während sich der Hamster über das laute Tier

aufregte, hielt Flopson Ausschau nach einem Loch in der Mauer. Da! Nach einigen Minuten Fußweg entdeckte sie ein altes Werbeschild aus Blech, das an der Mauer lehnte. Fridolin schob das Blech zur Seite. Dahinter fanden sie wirklich ein Loch in der Mauer. Fridolin steckte seinen Kopf hindurch.

»Halt!«, rief Flopson. »Das Blaulicht!!«

»Soll ich es wieder anstellen?«, fragte Fridolin begeistert.

»Nein«, sagte Flopson. »Du sollst es absetzen. Das ist zu auffällig. Dann weiß der Riesenschupp ja sofort, dass wir von der Polizei sind, wenn er uns sieht.«

Das musste Fridolin einsehen, und maulend setzte er sein geliebtes Blaulicht ab. Meili flatterte durch das Loch in der Mauer. Jack schlüpfte nach ängstlichem Zögern hinterher. Auch Flopson passte hindurch und folgte den anderen.

Doch Fridolin blieb stecken. Er ging einen Schritt zurück.

»Ich sag an dieser Stelle einfach mal Entschuldigung«, erklärte das Pony. Dann hob es einen Vorderhuf und schlug ein paar Steine aus der Mauer. Putz bröselte hinterher. »Passt«, stellte Fridolin zufrieden fest und schob seinen Körper durch die Öffnung.

Dahinter lag nun also der Tierpark. Die vier blieben stehen und staunten. Es gab lange Sandwege, die sich gemütlich durch große Wiesen schlängelten und an deren Seiten sich Bänke aufreihten. Über den Rasen verteilt wuchsen dicke, alte Bäume und hübsche Büsche, dazwischen standen ziemlich viele Wegweiser. *Zum Affenhaus. Zu den Giraffen. Eisbärenanlage. Eiscafé.* Und – ja, auch das – überall waren Menschen unterwegs, einzeln oder in Gruppen.

Die Tierpolizisten drückten sich hinter eine Holzbank und lugten hervor.

»Hab ich mir anders vorgestellt«, meinte Jack.

Flopson nickte. Ja, dieser Tierpark war viel größer als erwartet.

»Und wo sind jetzt die Tiere?«, fragte Fridolin.

Flopson zeigte auf ein Gitter links von ihnen, hinter dem eine Familie von niedlichen, ziemlich großen Wasserschweinen lebte.

»Die Tiere leben hier überall verstreut in Gehegen und in Häusern«, sagte Flopson. Sie blickte die anderen an. »Wir müssen zusammenbleiben,

denn im Tierpark gibt es nicht nur den Riesenschupp. Es gibt auch viele Besucher. Und schließlich gibt es Tierpfleger, die einen Blick dafür haben, wenn Tiere frei rumlaufen.«

»Weißt du das alles aus dem Fernsehen?«, fragte Fridolin.

Flopson nickte. Ja, sie hatte wirklich viel ferngeguckt mit Frau Huppenschuh.

»Irgendwann muss ich auch mal in einen Fernseher reingucken«, verkündete Fridolin. »Mal gucken, welche Tiere drin sind.«

»Die Tiere sind nicht im Fernseher«, sagte Flopson leichthin, bereute es aber sofort, als sie Fridolins fragendes Gesicht sah.

»Wie jetzt? Das geht doch gar nicht. Wie kann es sein, dass sie nicht im Fernseher drin sind, wenn du sie *im* Fernseher siehst?«

Diese Frage war berechtigt, aber Flopson wusste die Antwort darauf auch nicht so genau. »Sie sind nicht echt drin. Man sieht sie nur dort.«

»Aber irgendwas muss doch in diesem Fernseher drin sein!«, rief das Pony.

»Ich! Ich war schon mal im Fernsehen drin!«, krächzte eine Stimme.

Vor der Holzbank stand ein großer Vogel.

ICH BIN DER SCHÖNSTE ZEUGE!

Der Vogel starrte die vier Tierpolizisten an, und sie starrten zurück. Er trug ein paar lustige dünne Federn auf dem Kopf und hatte einen kräftigen Körper, der vorn blau und hinten grün und grau schimmerte. Ein Schwanz aus langen Federn schleifte hinter ihm her, als würde er damit den Boden fegen.

Die Polizisten wagten sich hinter der Bank hervor. Galant knickste der Vogel vor Meili. »Gestatten? Mark. Der Pfau der Herzen.«

»Und du willst im Fernsehen gewesen sein?«, fragte Jack ungläubig. »Was hast du da gemacht?«

»Na, was wohl? Schön ausgesehen«, sagte der Vogel. Er stolzierte an dem Gehege der Wasserschweine vorbei. »Denn wer ist der Schönste im ganzen Park?«

»Mark!«, riefen die Wasserschweine.

Der Vogel nickte zufrieden. »Ganz genau.« Plötzlich fächerte er aus seinen langen Schwanzfedern ein riesiges Rad auf, das sich wie ein hauchzarter Kreis um seinen Rücken legte. Am Ende jeder Feder befand sich ein Muster, das an Augen erinnerte.

Sprachlos vor Staunen starrten die vier Tierpolizisten den Pfau an. Besonders Meili war voller Bewunderung. Fridolin schob seinen Kopf zwischen die aufgefächerten Schwanzfedern, sodass es aussah, als hätte er einen Kragen. »Ich will auch. Ich will auch so was!«

Der Vogel blickte erschrocken hinter sich zum Pony, dann klappte er das Federrad ein und lächelte wieder. »Kann ich verstehen. Pfauen sind eben die schönsten Tiere der Welt.«

Jack war anzusehen, dass ihm dieser Pfau gegen's Teddyfell ging. »Stimmt nicht. Katzenbären sind die schönsten Tiere der Welt«, sagte Jack. »Steht in einem Buch. Da guckst du, was?«

»Ach ja?« Neugierig umkreiste der Pfau Flopson und betrachtete sie von allen Seiten. »Nicht schlecht. Auch ganz schön. Aber ich bin schöner, sorry.«

Flopson musste kichern. Sie hatte noch nie so ein eitles Tier getroffen.

»Nein, Flopson ist schöner«, sagte der Hamster.

Der Pfau hielt kurz inne und strafte den Hamster mit Blicken ab, dann wandte er sich wieder Flopson zu. »Bist du aus dem Tierpark?«, fragte er.

»Nein, bin ich nicht«, sagte Flopson.

»Woher stammst du dann?«, fragte Mark weiter.

»Das weiß ich nicht«, sagte Flopson.

»Du kannst dich nicht erinnern, wo du geboren bist?«, fragte Mark.

»Ich weiß nur noch, dass ich mal ins Wasser gefallen bin als Baby. Und dass ich bei Frau Huppenschuh im Wohnzimmer aufgewachsen bin. Aber mehr ... leider nein.«

Mark freute sich. »Das muss ich gleich den anderen erzählen!«, rief er und wollte davonstolzieren.

»Warte mal!«, rief Jack. »Wir sind von der Tierpolizei, und wir ...«

Sofort stoppte Mark. »Oh! Die berühmte Tierpolizei! Ich habe schon von euch gehört.«

Jack war nicht beeindruckt. »Du bist ein Zeuge. Wir müssen dich befragen«, sagte er nur.

Mark flatterte auf. »Ein Zeuge? Ich? Großartig!« Er raste zu den Wasserschweinen. »Ich bin ein Zeuge!«, rief er ihnen zu, dann kam er zurück. »Bitte, stellt eure Fragen!«

»Was weißt du über den Riesenschupp?«, fragte Meili.

»Pst!«, rief Mark. »Leise. Ich rede nicht gern über den Riesenschupp.« Und dann redete er ziemlich lange darüber. Und auch ziemlich laut. »Er schleicht nachts im Park herum. Er ist sehr scheu und schlägt im Geheimen zu, deshalb ist es schwer, diesen Unhold auf frischer Tat zu ertappen. Wusstet ihr, dass er dicke Schuppen hat, die ihn unverwundbar machen?«

»Schuppen wie bei einem Fisch?«, fragte Flopson.

Der Pfau schüttelte den Kopf, dass seine Federn wippten. »Nein, eher wie bei einem Krokodil. Die Schuppen schimmern bunt.«

Bunt? Flopson staunte. »Wir wurden gebeten, den Fall zu übernehmen und den Riesenschupp zu finden und einzufangen«, erklärte sie.

Mark verdrehte die Augen. »Einfangen?! Na, ihr seid gut! Er ist riesengroß. Und selbst wenn man ihn einfängt, bricht er sofort wieder aus. Ihr wisst wohl nicht, dass er Eisen beißen kann?« Der Pfau starrte die vier Tierpolizisten an, um die Wirkung seiner Worte nicht zu verpassen. »Daher kommt er in *alle* Gehege.«

Die Tierpolizisten blickten sich erschrocken an. Vor diesem Riesenschupp war wohl kein Tier sicher.

»Eisen beißen? Das klingt ja schauerlich«, bemerkte Meili.

Mark seufzte. »Das ist es auch, meine Liebe. Schauerlich – ja, das ist das richtige Wort. Also, es gibt auch noch andere richtige Worte, die meisten davon fallen mir selbst ein, aber schauerlich passt auch gut.«

Fridolin runzelte die Ponystirn. »Na du, da schläft man aber sehr unruhig, wenn man immer auf der Hut vor dem Riesenschupp sein muss«, stellte er voller Mitgefühl fest. »Die armen Tierparktiere.«

Der Pfau nickte und ließ sein großes Rad aus Federn wieder herabsinken. »Schlafen? Daran ist gar nicht zu denken. Alle Tiere haben solche Angst. In der Nacht macht er so unheimliche Geräusche, dass man es im ganzen Tierpark hört. Da bekomme sogar ich eine Gänsehaut. Dabei bin ich gar keine Gans. Grauenhaft, sage ich euch. Richtig Furcht einflößend. So laut und schrill und – gefährlich.«

Flopson zählte auf: »Der Riesenschupp ist riesig, hat bunte Schuppen, kann Eisen beißen und schreit in der Nacht.« Über ihren Rücken kroch ein Frösteln, das ihr Fell hochstehen ließ.

»Es hat schon drei Tiere geholt«, sagte Mark.

»Koko hat uns erzählt, dass eine Katzenbärin weg ist«, sagte Flopson.

»Weißt du, welche Tiere noch fehlen?«, fragte Jack und hielt seine Lupe vor das Gesicht des Pfaus.

»Klar weiß ich das. Ich weiß alles, was im Park passiert. Man könnte fast sagen, dass es mein Park ist.« Mark sah sehr zufrieden aus.

»Und?«, fragte Jack ungeduldig. »Welche Tiere sind es?«

»Olmoti, das Nashorn. Könnt ihr euch das vorstellen? Ein großes, dickes, schweres Nashorn! Einfach weg. Und noch ein Affe. Weiß aber nicht, was für einer. Na, und Jasmin.« Er zeigte auf Flopson, weil Jasmin auch eine Katzenbärin war.

Der Pfau streckte sich voller Stolz. »Ich habe ihn selbst schon gesehen, diesen Riesenschupp. Schlimm. Eine schlimme Geschichte.«

»Du hast ihn gesehen?«, rief Flopson.

»Mit meinen eigenen Augen!«, sagte der Pfau.

»Oh!«, rief Fridolin. »Kannst du Dinge auch mit fremden Augen sehen?«

Der Pfau starrte ihn verwirrt an.

»Du hast gesagt, dass du den Riesenschupp mit deinen eigenen Augen gesehen hast. Und ich frage mich, ob du auch was mit fremden Augen sehen kannst.«

»Natürlich nicht«, sagte Mark.

Es war Fridolin anzusehen, dass er noch mehr Fragen hatte. Aber Jack wurde ungeduldig. »Schluss. Jetzt wird endlich ermittelt.«

»Wie wollt ihr denn dieses gruslige Tier finden?«, fragte Mark mit frechem Grinsen.

Die Blaumeise, der Teddyhamster und das Pony blickten Flopson erwartungsvoll an. Und Flopson hatte wirklich einen Plan. »Als Erstes klappern wir die Tiere ab, die den Riesenschupp schon mal gesehen haben. Und dann – gute alte Polizeiarbeit. Wir befragen sie.« Sie blickte den Hamster an. »Jack?«

»Ja?«, fragte der Hamster aufgeregt.

»Du suchst nach Spuren. So ein großer Riesenschupp muss Spuren hinterlassen. Fußabdrücke oder Schuppen ... etwas in der Art.« Nun drehte sich Flopson zur Blaumeise um. »Meili? Für dich habe ich einen Spezialauftrag.«

Die Blaumeise schritt am Hamster und am Pony vorbei. »Sehr gern. Was soll ich tun?«, fragte sie.

»Kannst du durch den Park fliegen und das Gehege von diesem Riesenschupp suchen? Vielleicht hängt draußen ein Bild oder eine Beschreibung dran.«

Meili flatterte direkt vor Mark. »Weißt du, wo der Riesenschupp sein Gehege hat?«

Mark guckte auf seine Füße. »Auf der ganz anderen Seite vom Park.«

»Kannst du es mir zeigen?«

»Zu Fuß ist es ein ganzes Stück ...«

Meili schnaufte. »Mark? Du und ich, wir sind aber nicht zu Fuß.«

»Ich schon«, sagte Mark. »Ich kann nicht besonders gut fliegen.« Er zeigte auf die langen Schwanzfedern. »Zu schwer.« Er hob kurz vom Boden ab und flatterte in der Luft, dann landete er gleich wieder.

Oh! Alle vier Tierpolizisten betrachteten Mark und seine Schwanzfedern, die zwar wunderschön waren, aber wohl auch ein bisschen unpraktisch. Das erklärte auch, warum er die ganze Zeit herumlief – er konnte gar nicht anders. Vielleicht war er deshalb so laut?, fragte sich Flopson. Weil er nicht fliegen konnte?

Fridolin legte Mark eine Pfote auf den Rücken. »Ich kann auch nicht gut fliegen«, sagte er.

Mark betrachtete ihn verwundert. »Du hast doch gar keine Flügel.«

»Ja, vielleicht liegt es daran«, sagte das Pony.

»Eigentlich können wir alle nicht fliegen, nur Meili«, sagte Flopson.

Da ging es Mark gleich wieder besser. Er breitete seine Flügel aus. »Immerhin hab ich Flügel, die habt ihr nicht. Und ich bin der Schönste im ganzen Park.« Er betrachtete Flopson mit einem Blick, der wohl bedeuten sollte, dass sie eben nicht die Schönste im Park war.

Die kleine Blaumeise hatte dem Gespräch mit gerunzelten Augenbrauen gelauscht. Nun flatterte sie auf. »Weißt du denn überhaupt, wo sein Gehege ist?«

Mark schüttelte den Kopf. »Nein, der Riesenschupp ist ganz neu hier im Park. Er ist direkt bei seiner Ankunft aus dem Gehege abgehauen. Weil er doch Eisen beißen kann.«

»Aber dann hast du ihn ja gar nicht gesehen«, stellte Jack fest.

»Mit deinen eigenen Augen«, ergänzte Fridolin.

»Doch! Aber nicht aus der Nähe. Nur von weit weg. Irgendwo im Park hab ich ihn gesehen. Nachts.«

»Da war es doch dunkel«, wunderte sich Meili.

»Du bist der schlechteste Zeuge, den ich kenne«, sagte Jack. »Und wir haben schon ein paar richtig schlechte Zeugen verhört.«

»Aber ich bin der schönste Zeuge!«, rief Mark stolz. Der Pfau überlegte kurz. »Der Löwe hat den Riesenschupp aus der Nähe gesehen. Er hat sogar mit ihm gekämpft.«

»Oh!«, rief Jack. »Dann auf zum Löwen. Zeugenbefragung!«

Flopson wäre lieber gleich zu den Katzenbären gegangen, weil sie so gern noch mehr Tiere von ihrer Art kennenlernen wollte. Aber die Polizeiarbeit ging natürlich vor.

Meili machte sich auf den Weg, um das Riesenschupp-Gehege zu suchen.

»Pass gut auf dich auf! Sei vorsichtig!«, rief Flopson ihr nach.

MIT ESSEN SPRICHT MAN NICHT

Mark beschrieb ihnen den Weg zu den Löwen. Flopson, Jack und Fridolin liefen ein Stück durchs Gebüsch an der gelben Mauer entlang, bis sie zu einem kleinen Felsen gelangten, den die Tierpark-Menschen künstlich dort aufgebaut hatten.

Links vom Felsen führte ein Zaun durch das Gebüsch. Weiter hinten standen Besucher, um in das Gehege zu blicken. Flopson suchte eine Stelle, an der sie für die Menschen nicht zu sehen waren, dann winkte sie Jack und Fridolin heran.

Zu dritt blickten sie durch das Gitter. Direkt dahinter verlief ein Graben. Und hinter dem Graben saß das größte Tier, das Flopson je gesehen hatte. Groß? Es war riesig. Gigantisch! Es hockte auf dem künstlichen Felsen und beobachtete sie ruhig.

»Was bist du denn für ein süßes, riesiges Kuscheltier?«, fragte Fridolin.

Das Tier erhob sich elegant. Als es stand, wirkte es noch viel riesig-größer. Allein der Kopf mit der gelben Mähne war fast so groß wie das ganze Pony. Jack wirkte winzig daneben. Wie der plüschige Hausschuh dieses Tiers. Also, wenn das Tier plüschige Hausschuhe getragen hätte. Was es natürlich nicht tat, denn ...

»Das ist ein Löwe«, erklärte Flopson.

»Du bist sooo schön!«, rief Fridolin. »Ich will auch so eine Mütze wie du.«

»Das ist meine Mähne«, sagte der Löwe und warf seine dicken Haare in den Wind.

Flopson horchte auf. Das war doch die Stimme des Tiers, mit dem sie vorhin gesprochen hatten, als sie noch hinter der Mauer saßen. »Wir haben mal ein paar Fragen«, sagte sie.

»Für mich seid ihr nur Futter. Und mit Essen spricht man nicht«, erklärte der Löwe und schmatzte.

»Wir sind kein Essen!«, brüllte der Hamster. Er war so aufgebracht, dass er auf und ab hüpfte. »Wir sind die wichtige, ernste und sogar ein bisschen berühmte Tierpolizei!«

»Ah, das Tier mit dem Piepsstimmchen!«, stellte der Löwe fest.

»Wir suchen nach dem Riesenschupp«, erklärte Flopson.

»Der ist ein paar Nummern zu groß für euch«, befand der Löwe und musterte die drei Tierpolizisten, die in seinen Augen vermutlich winzig wirkten.

»Woher willst du das wissen, du Rüpel?«, fragte Jack.

Der Löwe schnaubte abfällig. »Der Riesenschupp ist gefährlich. Er ist riesig. Er ist böse. Der Einzige, der sich mit ihm messen kann, bin natürlich ich. Die anderen Tiere haben Angst vor ihm, aber nicht so viel Angst wie vor mir.«

»Du bist eingesperrt. Vor dir hat gar keiner Angst!«, rief Jack. Er streckte dem Löwen die Zunge raus und zog Grimassen. Fridolin machte begeistert mit.

Der Löwe brüllte, dass es bestimmt durch den ganzen Tierpark zu hören war. »Lasst das mal schön

bleiben«, donnerte er. »Solch kleine Schlurflurche wie ihr können den Riesenschupp nicht bekämpfen.«

Erschrocken wichen Fridolin und Jack zurück. Aber Flopson reichte es mit dem vorlauten Tier. »Hör mal, du kannst uns nicht sagen, was wir tun und lassen sollen.«

»Nein?«, fragte der Löwe erstaunt.

»Nein!«, riefen alle drei Tierpolizisten gleichzeitig.

»Aber ich bin der Größte und Stärkste und weiß alles besser. Ist doch nicht meine Schuld. Ich fühle mich einfach immer so Chef-sein-Wollen. Ist 'n gutes Gefühl.«

»Jetzt aber mal zurück zur Zeugenbefragung!«,

schimpfte Jack. »Hast du den Riesenschupp nun gesehen oder nicht?«

Der Löwe drehte sich kurz zu den Löwinnen um, die weiter hinten auf einem Felsen in der Sonne schliefen, dann bewegte er sich mit weichen, kräftigen Schritten auf den Graben zu. Flopson, Fridolin und Jack saßen zwar sicher hinter dem Zaun, aber ein bisschen mulmig wurde ihnen trotzdem.

Der Löwe setzte sich. »Und ob ich ihn gesehen habe«, erklärte er mit gesenkter Stimme, was bei einem Löwen immer noch sehr laut war. »Mit meinen eigenen Augen.«

Fridolin kicherte. »Ist klar. Mit fremden Augen zählt es auch nicht. Wie beim Pfau.«

»Mit fremden Augen?« Der Löwe wirkte verwirrt. Er holte Luft und streckte stolz seine Brust. »Ich habe ihn sogar besiegt.«

»Ach ja?«, fragte Jack unbeeindruckt. »Und warum läuft er dann immer noch herum und versetzt den ganzen Park in Angst und Schrecken?«

»Weil ich ihn nicht getötet habe. Ich habe ihn nur verjagt. Zu uns Löwen traut er sich ganz bestimmt nicht mehr.« Der Löwe gähnte und ließ seine riesigen Zähne sehen.

»Haben dir die Löwinnen geholfen?«, fragte Flopson.

»Nein«, behauptete der Löwe. »Sie haben zugesehen. Sie wussten, dass ich allein mit dem Riesenschupp fertigwerde.« Der Löwe drehte seinen Kopf ganz leicht und voller Eleganz, dazu zuckte er mit den Schultern. »Egal, wie groß und mutig er ist, wir wissen alle, wer mutiger ist.«

»Wer?«, fragte Fridolin.

»Natürlich ich!« Der Löwe runzelte seine fellige Stirn.

Flopson beschloss, die Chef-Sache für ihren Fall zu nutzen. Mutig schlüpfte sie durch die Streben des Zauns, die gerade so weit auseinanderstanden, dass die Katzenbärin hindurchpasste. Sie setzte sich ans Ufer, sodass nur noch der Graben sie von dem großen Raubtier trennte. »Ich bin auch eine Chefin«, sagte sie.

Der Löwe blickte Flopson erstaunt an. »Ist 'n schönes Gefühl, ne? Immer der Bestimmer sein. Schön rumbrüllen. Alle haben Angst vor einem ...«, schwärmte er.

»Ähm, na ja«, sagte Flopson zögerlich, denn so eine Art Chefin war sie nicht. »Hör mal, so unter uns ... damit ich meinen Leuten einen ordentlichen Schrecken einjagen kann: Was genau weißt du über den Riesenschupp?«

Der Löwe erhob sich und lief direkt bis ans Ufer

des Grabens. Oh! Nun bekam Flopson es ein wenig mit der Angst zu tun, auch wenn das Wasser zwischen ihnen verlief. Aus der Nähe war der Löwe noch größer und fürchterlicher. Aber gleichzeitig auch wunderschön. Er blickte ins Wasser, um sein Spiegelbild zu betrachten.

»Er ist riesig. Er hat auch eine Mähne.« Er verdrehte die Augen. »So ein Nachmacher! Seine Mähne ist natürlich kürzer, das ist klar. Er hat riesige Zähne. Aber nicht so groß wie meine. Und er hat fürchterliche Krallen.« Plötzlich hielt der Löwe inne und betrachtete Flopson über den Graben hinweg. »Sind wir uns schon mal begegnet?«

Flopson schüttelte den Kopf. »Nein, kann nicht sein.«

»Doch, doch, ich bin mir sicher.« Er sah auf einmal ganz anders aus. Die Augen wach und auf Flopson gerichtet. Die Nase vorgestreckt. »Futter, das mir entwischt ist, vergesse ich nicht.«

Futter? Das ihm entwischt war? Es wurde dringend Zeit, wieder zu gehen, fand Flopson. Sie schob sich durch die Gitterstäbe zurück und war froh, als sie wieder bei den anderen war.

»Ach so, und seine Augen leuchten im Dunkeln!«, rief der Löwe noch. »Meine Augen leuchten natürlich auch im Dunkeln. Wenn ich will, kann ich das.«

Eine der Löwinnen gähnte laut.

»Na und?«, rief Jack. »Ich kann auch im Dunkeln leuchten.«

»Tiere mit Piepsstimmchen leuchten nicht in der Nacht!« Der Löwe riss sein Maul auf.

»Doch!«, schimpfte Jack. »Nämlich mit meiner großen Taschenlampe.«

Fridolin hatte genug vom Löwen und trabte einfach los. »Lass ihn, Jäckilein. Wir gehen. Er kann wohl viel, aber *weggehen* kann er wirklich nicht.«

Da hatte das Pony recht. Von seinem Gehege aus brüllte ihnen der Löwe hinterher.

EIGENTLICH – FAST NÖ

Flopson, Jack und Fridolin krochen durch das Gebüsch zurück, vor Menschenblicken geschützt. Jack war langsamer als die anderen beiden, weil er gleichzeitig tippeln und über den Löwen schimpfen musste. »So ein Flegel! Dieses Chef-Gehabe kann ich nicht ausstehen!«

Flopson drehte sich zum Hamster um und wartete, bis er bei ihnen ankam. »Und viel Neues wusste er auch nicht«, stellte sie fest. »Was ist dieser Riesenschupp bloß für ein seltsames Tier?«

Kaum hatte sie den Namen des Tiers ausgesprochen, da hallte ein Krächzen durch das Dickicht. Der Hamster sprang ängstlich auf Flopsons Arm, und Fridolin versuchte, sich hinter der viel kleineren Katzenbärin zu verstecken.

Das Krächzen wurde lauter. »Tierpolizei! Tierpolizei! Ein Alarmfall!«, rief eine schrille Stimme.

Flopson streckte ihren Kopf unter dem Gebüsch hervor. Mitten auf dem Weg saß Mark und krächzte, was sein Schnabel hergab. »Tierpolizei! Alarm im Tierpark!«

»Kst! Hier!«, machte Flopson und winkte den Pfau heran. »Wir sind hier!«

Der Pfau stolzierte auf das Gebüsch zu und blieb davor stehen. »Der Riesenschupp war heute Nacht bei den Flamingos«, keuchte Mark mit einer gewissen Begeisterung. »Und ich weiß es als Erster!«

»Was sind Flamingos für Tiere?«, wollte Fridolin wissen.

»Das weißt du nicht?« Mark war in seinem Element. Er fächerte sein Federrad auf. »Dann sage ich es dir. Flamingos sind riesige Vögel. Sie sind rosa. Und sie stehen oft auf einem Bein.« Mark versuchte, es vorzumachen und auf einem Bein zu stehen, was ihm nicht gelang. Er purzelte zur Seite und rappelte

sich schnell wieder auf. »Sie leben da drüben, hinter der Wiese und diesen Büschen.«

Flopson hielt eine Hand über die Stirn und blickte über die Wiese. »Es sind Vögel?«, fragte sie und dachte nach. »Dann können sie doch fliegen.«

»Klar«, sagte Mark.

»Warum fliegen sie nicht weg, wenn der Riesenschupp kommt?«, wunderte sich Flopson.

»Das würde ihnen gar nichts nützen.« Mark machte ein schlaues Gesicht. »Denn der Riesenschupp kann auch fliegen.«

»Was?«, riefen Fridolin und Jack gleichzeitig. Das Pony blickte in den Himmel und verzog sich dann noch weiter ins Gebüsch.

Dieser Riesenschupp wurde ja immer seltsamer. Flopson bekam langsam das Gefühl, dass sie es gar nicht mit einem Tier, sondern mit einem Monster zu tun hatten. Sie zählte auf. »Der Riesenschupp ist riesig. Er hat bunt schillernde Schuppen, die unverwundbar sind, und eine dicke Mähne. Mit seinen riesigen Zähnen kann er Eisen beißen. Seine Augen leuchten im Dunkeln, und er kann fliegen.«

»Uah!«, machte Fridolin und klapperte ängstlich mit den Zähnen. »Das ist wirklich ein fürch-

terlich scheußliches Tier. Ich möchte es lieber nicht suchen. Können wir bitte nach Hause gehen?«

»Klein-Pferd!«, schimpfte Jack. »Wir sind die Tierpolizei. Da muss man auch mal mutig sein.«

»Ja, stimmt, haste recht. Bin mutig«, sagte Fridolin, klapperte aber weiter mit den Zähnen.

Flopson hatte so ein komisches Gefühl. Ein Polizei-Gefühl. Sie blickte Mark an. »So viele schlimme Dinge bei einem einzigen Tier – das ist kaum zu glauben«, stellte sie fest.

»Ich glaub's«, rief Fridolin.

»Ich nicht«, sagte Flopson.

»Ts!«, machte Mark.

Aber Flopson sah dem Pfau streng ins Gesicht. Unruhig tippelte er von einem Fuß auf den anderen. »Was für Flügel hat denn der Riesenschupp?«, fragte sie. »Mit Federn? Mit Haut? Oder auch aus Schuppen?«

Der Pfau blickte auf seine Krallen. »Na gut. Bitte! Er hat keine Flügel, und er kann auch nicht fliegen. Da hab ich ein bisschen übertrieben.« Er lächelte verschmitzt. »Aber spannend wär's schon.«

Nun waren die drei Tierpolizisten ziemlich empört.

»Spannend?« Jack kletterte auf einen Stein und tippte dem Pfau an die Brust. »Hör mal, du Vogel, wir arbeiten hier. Wir müssen Tiere retten. Und du bist ein Zeuge. Das ist eine ernste Sache. Da darf man nicht schwindeln.«

Der Pfau riss erschrocken die Augen auf. Er fing beinahe an zu weinen. »Ich schwindle nicht! Das habe ich in meinem ganzen Leben noch nie gemacht. Fast nie!«

Fridolin war ehrlich erstaunt. »Aber gerade hast du gesagt, dass der Riesenschupp fliegen kann, dabei stimmt es gar nicht.«

»Das ist doch kein Schwindeln!«, rief Mark. »Das ist Ausdenken. Ich habe mir was ausgedacht. Stellt euch mal vor, wie herrlich gruslig das wäre. Ein fliegender Riesenschupp.«

»Für mich ist und bleibt es Schwindeln«, meckerte Jack.

»Für mich ist und bleibt es Ausdenken«, beharrte Mark. »Beim Schwindeln macht man es schließlich mit Absicht. Und bei mir ist es ein Versehen. Das passiert einfach so. Schwupp – hab ich mir was Neues ausgedacht.«

»Passiert das oft?«, fragte Flopson.

»Ja!«, sagte Mark nicht ohne Stolz.

»Man muss die Wahrheit sagen!«, rief Fridolin empört.

»Wahrheit? Ein großes Wort«, stellte Mark fest. »Wahrheit gibt es nicht. Jeder sieht die Dinge anders. Nehmen wir mal diese Bank hier. Du, Flopson, findest die Bank vielleicht einfach nur alt. Das Pony findet sie langweilig. Und du, Hamster, findest die Bank riesig. Ich finde, sie ist schön. Da habt ihr eure Wahrheit.«

Jack muffelte, und Flopson sagte gar nichts. Ganz unrecht hatte der Pfau nicht. Diese Wahrheit war wirklich eine schwierige Sache. Und Mark schien es damit nicht so genau zu nehmen. Flopson kam ins Grübeln. »Hast du dir noch mehr herrlich gruslige Dinge über den Riesenschupp ausgedacht?«, fragte sie.

»Nö. Eigentlich – fast nö«, sagte Mark etwas zögernd.

Aha! Jack und Flopson verschränkten gleichzeitig die Arme. Sie sahen Mark abwartend an und machten dabei ernste Gesichter. Mit diesen beiden Tierpolizisten war im Moment nicht zu spaßen, das musste sogar Mark einsehen.

»Ja, na ja, na gut – ich weiß nicht, welche Farbe er hat. Vielleicht ist er bunt, vielleicht nicht. Weil ich ihn ja nur im Dunkeln gesehen hab. Aber der Rest stimmt wirklich.«

»Auch das mit dem Eisen-Beißen?«, fragte Jack streng. Der Pfau nickte so heftig, dass seine Kopffedern herumschwangen. Dann hatte er es sehr eilig, weil er weiter durch den Park flitzen und Neuigkeiten verbreiten wollte.

Die drei Tierpolizisten sahen sich an, schüttelten ihre Köpfe und machten sich auf den Weg zu den Flamingos.

FLAMINGO INGO

Mark hatte gesagt, dass die Flamingos hinter der Wiese lebten. *Hinter der Wiese* – das klang nach einem kurzen Weg. Fast so wie: *um die Ecke.* Oder: *gleich da drüben.* Aber wenn Flopson dachte, dass sie schnell zu den Flamingos gelangen würden, hatte sie sich geirrt.

Es saßen nämlich eine Menge Menschen auf der Wiese. Und es gab kein Gebüsch, durch das sie hätten schleichen können. Also versteckten sie sich hinter einem großen Stein und warteten, bis sich der Abend über den Tierpark legte. Bald schon gingen die Familien nach Hause, und es waren nur noch einzelne Besucher zu sehen, die hier und dort herumschlenderten.

Während sie hinter dem Stein hockten, nahm Flopson einen Geruch wahr, der ihr bekannt vorkam. Sehr bekannt sogar. Richtig vertraut. Was war das bloß?

Sie kam einfach nicht dahinter. Durch den Geruch war sie abgelenkt und passte nicht auf das Pony auf. Dabei wäre das bitter nötig gewesen.

Denn das Pony sprang einfach hinter dem Stein hervor und rannte auf ein Freigehege zu, das an den Seiten und auch oben von Drahtzaun umgeben war.

»Guck mal, Flopson, da! Ein Bootsschnabel. Ein Vogel mit einem halben Boot als Schnabel«, rief Fridolin.

»Ich bin ein Schuhschnabel«, erklärte der Vogel ein wenig von oben herab.

»Du hast einen Schuh als Schnabel?«

»Nein, aber mein Schnabel sieht aus wie ein Schuh.«

Flopson und Jack krochen unter eine alte Zeitung, die an der Seite lag, und folgten dem Pony.

»Komm zurück!«, schimpfte Hamster Jack. »Du musst hinter dem Stein bleiben. Sonst werden wir entdeckt.«

»Aber guck doch mal da!« Schon stürmte das Pony weiter. »Das ist mindestens das verrückteste Pferd der Welt! Ein Streifenpony!«

»Wir sind Zebras. Und was bist du?«, sagte ein Zebra.

»Ein Falabella«, erklärte Fridolin. »Aber ich will auch Streifen! Sofort will ich solche schicken Streifen wie ihr! Wer hat sie euch raufgemalt?«

»Gemalt?«, empörte sich das älteste Zebra. »Das ist alles Natur, mein Freund.«

»Und dort?«, brüllte Fridolin und rannte weiter, bevor Jack und Flopson ihn einholen konnten. »Guckt mal. Das sind ja Riesenigel! Ich will auch solche vielen Stacheln.«

»Also, bitte schön?! Wir sind Baumstachler«, sagte ein niedliches, aber sehr stachliges Tier.

»Klein-Pferd!« Erbost düste der Hamster unter der Zeitung hervor. »Sofort versteckst du dich wieder!«

»Oh, ja klar«, sagte Fridolin und sprang hinter das Gehege der Baumstachler. Jack folgte ihm, allerdings war er viel langsamer. Flopson beobachtete das Ganze, während sie noch unter der Zeitung saß.

Unerwartet bückte sich nun eine Dame, die als

eine der Letzten über den Weg spazierte. Sie griff nach Jack und packte ihn! »Na, du bist ja ein Süßer. Du bist wohl weggelaufen, hm?«, fragte sie und versuchte, Jack in das Gehege der Baumstachler zu heben. Der Hamster wehrte sich und strampelte wild, konnte sich aber nicht befreien. Oh! Gleich würde er bei den Baumstachlern landen. Flopson musste etwas tun. Die Katzenbärin nahm Anlauf, sprang unter der Zeitung hervor und kniff die Dame ins Bein. Diese drehte sich um.

Flopson und die Dame starrten sich an. Die Dame ließ den Hamster zu Boden plumpsen. Sie ging auf alle viere. »Flopson?«, fragte sie baff.

Nicht zu fassen. Es war Frau Huppenschuh! Sie trug ihre beste Glitzerbluse, glitzernde Ringe und eine glitzernde Handtasche. Flopson hatte nicht damit gerechnet, ihre ehemalige Besitzerin jemals wiederzutreffen. Jetzt wusste sie auch, welcher Geruch ihr gerade so vertraut um die Nase geweht war: das Parfüm von Frau Huppenschuh.

Jack und Fridolin riefen nach ihr, aber Flopson war nicht in der Lage, sich zu bewegen. Noch immer starrte sie Frau Huppenschuh an.

Diese krabbelte langsam auf die Katzenbärin zu. »Da bist du also. Im Tierpark! So ein Zufall, dass wir uns hier wiederfinden«, sagte sie und streckte ihre Hand aus. »Hör mal, ich bin nicht mehr sauer auf dich, weil Tjalle damals verschwunden ist. Ich glaube, das war gar nicht deine Schuld.«

»Nein, war es auch nicht, das habe ich dir ja gleich gesagt«, antwortete Flopson in Tiersprache, die Frau Huppenschuh natürlich immer noch nicht verstand.

»Na ja, jetzt haben wir uns endlich wieder und können zusammen nach Hause gehen«, fand Frau Huppenschuh. »Und dann machen wir es uns vor dem Fernseher gemütlich.«

»Das geht leider nicht«, sagte Flopson freundlich. »Ich lebe jetzt bei meinen Freunden. Und deine Wohnung ist auch kein Zuhause für Katzenbären.«

Flopson schmiegte ihren Kopf kurz in die Hand der Dame, weil sie sich wirklich freute, sie zu sehen. Und dann – husch – verschwand sie in einem Gebüsch. Mit hoher Stimme rief Frau Huppenschuh nach ihr. »Flopson! Floppilein! Flöppchen!«

Flopson drehte sich zu ihren Freunden um und winkte ihnen. Die drei Tiere huschten so schnell unter den Büschen entlang, wie es mit Fridolin möglich war. Er hatte es schwerer als die anderen, weil er größer war. Das machte er allerdings durch Muskelkraft wett. Äste knackten, als das Pony durchs Dickicht preschte.

Am Ende des Gebüschs sah Flopson sich vorsichtig um. Frau Huppenschuh suchte noch immer auf der anderen Seite der Wiese nach ihr.

»Hallo-o!«, rief jemand. Erschrocken drehte sich Flopson um.

Vor ihnen lag ein großes Gehege mit einem Tümpel und Gräsern, das nur von einem einfachen Zaun umrandet war. Direkt am Zaun stand, übrigens auf einem Bein, ein großer Vogel mit rosa Gefieder. »Ihr seid hier falsch. Hier sind die Flamingos. Ihr müsst in das Gehege von ... na ja, von den ganzen anderen Tieren«, sagte er fröhlich. »Was seid ihr eigentlich?«

»Tierpolizisten.« Jack streckte den Rücken durch.

Fridolin hob den dünnen Drahtzaun einfach an und stürzte auf den Flamingo zu. »Du bist schön«, rief er. »Ich möchte auch so ein rosa Fell wie du.«

»Dann musst du Sachen essen, die rosa machen. Leckere Schalen von Krabben. Algen. Und diese kleinen Bakteriendinger hier. Willst du?« Der Flamingo öffnete seinen Schnabel, in dem gerade eine Mischung dieser drei Dinge schwamm. Es stank entsetzlich, fand Flopson, die zusammen mit Jack durch den Zaun geschlüpft war.

Auch Fridolin war nicht begeistert. »Uah! Nein, bloß nicht. Dann bleibe ich lieber so, wie ich bin.«

Weitere Flamingos gesellten sich neugierig dazu.

Sie musterten Fridolin von oben bis unten. »Bisschen farblos«, stellte einer fest. »Oder was meint ihr?«

»Aber sie geht. Schön rot, ne?« Ein anderer Flamingo zeigte auf Flopson.

Neugierig betrachteten die großen Vögel die Tierpolizisten.

Bevor weiter über Farben gesprochen wurde, hob Flopson die Hand. »Wir haben ein paar Fragen«, sagte sie laut.

Das führte wiederum zu großer Begeisterung unter den rosa Vögeln. Denn Flamingos lieben Fragen. Sie haben selbst immer sehr viele davon. Die meisten betreffen Essen, andere sind Fragen des Lebens.

»Warum haben Flamingos zwei Beine?«, fragte ein junger Vogel.

»Warum gibt es Wolken?«, fragte ein anderer.

»Warum heißt es überhaupt *Warum*?«, fragte ein dritter.

»So meinen wir das nicht«, rief Jack, und sein Teddyfell bauschte sich vor Aufregung über diese schrägen Vögel. »Wir haben Polizeifragen«, sagte er.

Für einen Moment war es still. Ein Flamingo trat vor. Er wirkte zarter als die anderen. Kleiner. »Ich nehme an, ihr kennt mich?«, fragte er.

»Nein«, sagte Jack.

»Für mich seht ihr auch alle gleich aus.« Fridolin kicherte.

»Ich bin Flamingo Ingo. Das älteste Tier im ganzen Park. Wenn ihr Fragen habt, dann bin ich euer Flamingo. Also?«

Flopson erzählte von der Tierpolizei, was sofort wieder zu vielen Fragen bei den Flamingos führte.

»Ihr solltet nicht Flamingos heißen, sondern Fragmingos«, stellte Fridolin fest.

»Warum?«, fragte ein Flamingo-Kind.

Diese Zeugenbefragung war nicht einfach. Flopson seufzte. »Mark hat uns erzählt, dass der Riesenschupp hier gewesen ist«, sagte sie.

Ein aufgeregtes Schnabelklappern ging durch die Flamingo-Meute. Die Vögel bestätigten, dass der Riesenschupp bei ihnen gewesen war.

»Und? Fehlt jemand?«, fragte Jack.

»Wissen wir nicht so genau. Heute früh hatte ich eher das Gefühl, wir sind zu viele«, sagte Ingo.

Einige Flamingos nickten. Sie fanden auch, dass sie sehr viele waren.

»Fehlen fehlt bei uns keiner. Oder doch?«, meinte ein besonders rosafarbener Vogel.

»Doch, hier! Mein Mann ist weg!«, rief eine Flamingo-Dame.

»Hä, nee, ich bin doch hier. Siehst du mich nicht?«, fragte der Flamingo neben ihr.

»Oh, ach so. Hab dich gar nicht erkannt.« Die Flamingo-Frau seufzte. »Warum bist du heute so blass?«

»Weil ich nichts gegessen habe. Ich trau mich nicht«, sagte ihr Mann.

Seine Frau nickte. »Verstehe ich.« Sie kam zu Flopson herüber. »Der Riesenschupp war hier und hat Futter vergiftet. Jetzt trauen wir uns nicht mehr, zu essen. Stimmt's, Leute?«

Die meisten antworteten mit Ja. Andere stellten noch mehr Fragen.

»Vergiftet?«, rief Jack. »Das ist ein Fall für den Fingerabdrückler.« Er zog die Lupe aus seinem Rucksack. Endlich konnte er nach Spuren suchen! »Wen hat es erwischt?«

»Riko«, sagte Ingo.

Die Flamingos traten zur Seite und gaben den Blick frei auf Flamingo Riko, der schlapp auf dem Boden lag.

»Wo ist das vergiftete Futter?«, fragte Jack.

Der kranke Riko zeigte mit einem Flügel direkt zum Zaun. »Es hat plötzlich hier gelegen. Heute früh.«

Die Flamingo-Dame nickte. »Es war so herrlich

bunt. Das hübscheste Futter, das ich je gesehen habe«, schwärmte sie. »Ich wollte auch was davon naschen, aber Riko war schneller. Zum Glück. Sonst wäre ich jetzt vergiftet und nicht er.«

Die drei Tierpolizisten liefen am Zaun entlang. Dort lag eine Menge bunter Schokolinsen.

»Sie duften lecker nach Schokolade.« Das Pony linste zu den Schokolinsen hin.

Jack holte Flatterband aus seinem Rucksack und spannte es um die Stelle mit den Schokolinsen.

»Was machst du?«, fragte Ingo, und dann wollten es auch alle anderen Flamingos wissen.

»Das ist der Tatort«, erklärte Jack. »Ich markiere ihn, damit wir ihn später wiederfinden.« Mit seiner Lupe betrachtete er die Schokolinsen sehr gründlich und lange.

»Was machst du?«, fragte Ingo wieder.

»Spuren suchen«, sagte Jack. Aber es war nichts Auffälliges an den Schokolinsen zu entdecken. Er

guckte nach Fußabdrücken von einem großen Tier, fand aber nichts.

Sie befragten den kranken Flamingo Riko. Es stellte sich heraus, dass er ziemlich viele dieser Schokolinsen gefuttert hatte. Einen ganzen Haufen. In allen Farben, weil er dachte, dass ihm dann bunte Federn wachsen würden.

»Regenbogen, wisst ihr?«, keuchte er.

Während die Flamingos über bunte Federn redeten, lief Flopson ungeduldig auf und ab. Sie wollte endlich zum Gehege der Katzenbären gehen. Aber sie wusste von Koko, dass sie den Riesenschupp nicht gesehen hatten. Deshalb mussten sie ihr Glück als Nächstes bei den Nashörnern versuchen, von denen ja auch eins verschwunden war.

Ingo erklärte ihnen den Weg. »Der Tierpark macht jetzt zu, dann könnt ihr euch in Ruhe hier bewegen«, sagte er.

Das klang gut, fand Flopson. Denn es war doch ziemlich mühsam, heimlich im Gebüsch oder unter einer Zeitung herumzukriechen.

NA, NA, NASHORN!

Der Abend kam mit warmem Licht und kleinen Wolken und tauchte den Tierpark in eine gemütliche Stimmung. Die Wege waren jetzt menschenleer. Eine Pflegerin tuckerte mit einem kleinen, offenen Wagen über die Wiese. Weiter hinten war ein Mann zu sehen, der Müll wegräumte. Endlich waren die Tierpolizisten allein – abgesehen von den vielen verschiedenen Tierarten – und konnten sich frei im Park bewegen. Davon machten sie sofort Gebrauch. Fridolin galoppierte wild über die Wiese und wurde vom Hamster ermahnt, doch bitte an den Reiter auf seinem Rücken zu denken.

Flopson lief neben den beiden her und war froh, nicht mehr durchs Gebüsch kriechen zu müssen. Sie rannte im Zickzack und baute ein paar wilde Sprünge ein. Der Weg zu den Nashörnern führte vorbei an den Steinböcken, von denen Fridolin wie-

der sehr begeistert war. Und was wollte er wohl haben? So ein tolles, gebogenes Geweih wie sie.

»Dieses Geweih ist ganz schön schwer«, rief ein Steinbock ihm zu.

»Und auch unpraktisch«, rief ein anderer, dann hakten die beiden ihre runden Geweihe ineinander, um zu zeigen, wie unpraktisch das Ganze war. Lachend zogen sie aneinander.

Flopson blickte in den Himmel. Unruhig wartete sie auf Meili. Dass die kleine Blaumeise immer noch nicht wieder bei ihnen war, machte ihr Sorgen. Immerhin war die Mission nicht ungefährlich –

aber wenigstens konnte Meili fliegen und der Riesenschupp nicht, das beruhigte sie ein bisschen.

Sie kamen am Außengehege der Nasenbären vorbei. Bevor Fridolin auf die Idee kam, ein Nasenbär sein zu wollen, rief Flopson ihm zu: »Komm, Pony, wir haben es eilig!«

Neben einem Eiscafé, in dem gerade aufgeräumt wurde, fanden sie die Nashörner. Sie lebten in einem sehr großen Gehege, in dessen Mitte ein Tümpel plätscherte. Verteilt auf einer Wiese standen alte, kräftige Bäume, dazwischen lagen große braune Steine. Im hinteren Teil gab es ein Haus mit Glasscheiben und einer breiten offenen Tür. Nur Nashörner waren nicht zu sehen.

Flopson sprang auf den hohen Zaun aus dicken Metallstangen. »Hallo?«, rief sie. »Jemand zu Hause?«

»Was denn sonst?« Der große braune Stein, der direkt vor dem Zaun lag, erhob sich. Flopson war so erschrocken, dass sie vom Zaun fiel – und direkt vor dem großen braunen Stein landete. Der allerdings kein Stein war.

»Nashorn! Nashorn!«, brüllte Fridolin.

Flopson starrte nach oben. Das Nashorn war riesig. Noch größer als der Löwe und vor allem viel dicker und kräftiger. Seine Haut war graubraun und

so faltig, als wäre das Tier einhundert Jahre alt. Auf der Nase saß ein Horn.

Das große Tier starrte Flopson finster an. »Ob wir zu Hause sind? Was soll die Frage? Willst du dich über uns lustig machen? Wo sollen wir denn sonst sein, wenn nicht zu Hause? Als ob wir eine Wahl hätten.«

Das verärgerte Nashorn senkte seinen Kopf und machte einen Schritt auf Flopson zu. Oh, oh! Mit diesem Horn wollte sie es lieber nicht zu tun bekommen. Schnell sprang sie zur Seite. Sie wollte zurück auf den Zaun klettern, aber die Metallstangen waren zu glatt, und sie rutschte ab. Also lief sie auf einen Baum zu und kraxelte am Stamm hoch. Von dort oben blickte sie auf das Nashorn.

»Pah! Dich hole ich schneller wieder vom Baum, als du rauf bist«, sagte das Nashorn. Es senkte den Kopf, um mit Anlauf in Richtung Baum zu laufen.

»Na, na, Nashorn!«, rief Fridolin. »Lass unsere Chefin in Ruhe!«

»Ich will auch! Ich will auch!«, rief nun ein kleiner brauner Stein, der aufsprang und sich ebenfalls als Nashorn entpuppte. Es war ein Junges, und auf seiner Nase saß noch kein Horn, aber eine kleine Wölbung deutete an, dass dort mal eines wachsen würde. »Mama, ich will auch gegen den Baum dongsen!«

»Hey, nein, stopp! Kiara, du hast noch gar kein Horn. Du kannst nicht ...«

Aber die kleine Kiara hörte nicht auf ihre Mutter und rannte auf den Baum zu. Das war ein Glück für Flopson, denn als die Kleine dagegenknallte, passierte – nichts.

»Aua!«, sagte Kiara.

»Siehst du! Was hab ich dir gesagt!«, rief die Mutter.

»Na und?«, gab Kiara trotzig zurück. »Will auch dongsen.«

»Ohne Horn geht das nicht.«

»Ich hab eben meinen eigenen Kopf.«

»Einen eigenen Kopf schon, aber kein eigenes Horn«, sagte die Mutter.

»Und eigene Augen«, stellte Fridolin fest.

Die Nashörner blickten ihn verwundert an.

Flopson nutzte den Moment und krabbelte auf dem Ast zurück über den Zaun. Sie landete etwas unsanft auf einer Laterne und rutschte an der Stange nach unten. Als sie wieder bei Fridolin und Jack ankam, war sie erleichtert.

»Diese wilden Tierparktiere sind wirklich ... wild«, stellte sie fest.

»Wir sind von der Tierpolizei!«, rief Jack über den Zaun. »Und wir haben ein paar ...«

»Waaas?«, brüllte Kiara. Schon rannte sie los, prallte aber gegen den Zaun. »Tierpolizei? Wir haben schon von euch gehört! Wie cool ist das denn? Ihr jagt böse Leute. Ich will auch! Ich will auch!«

Flopson lächelte. »Du kannst uns bestimmt helfen«, sagte sie. »Wir suchen ...«

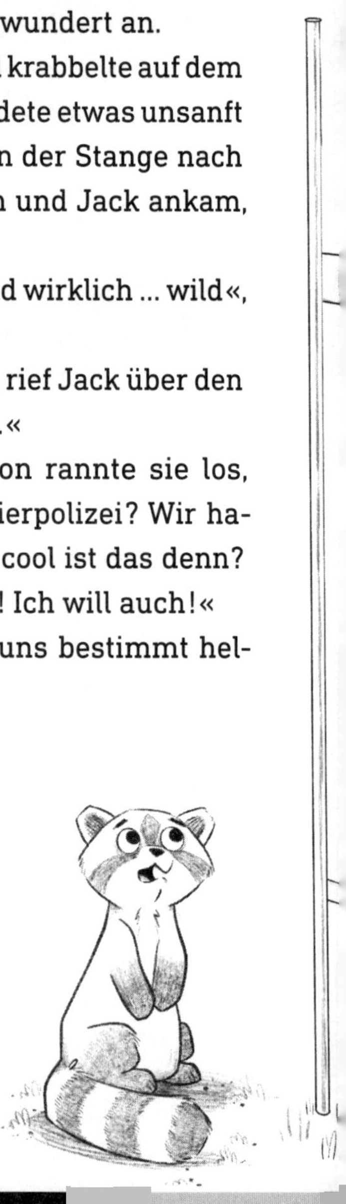

Aber Kiara war schon wieder auf und davon. Sie raste über die Wiese, purzelte durch den Tümpel, drehte sich im Kreis und freute sich, dass sie der Tierpolizei helfen durfte.

»Kind, hör auf zu zappeln!«, rief Jack streng. »Wenn du helfen willst, dann setz dich still hin und hör zu.«

Kiara setzte sich so still vor den Zaun, wie es ihr möglich war, und wedelte nur ein wenig mit dem Hinterteil.

»Wir haben gehört, dass ein Nashorn weg ist«, sagte Flopson. »Mark hat uns ...«

»Ja!«, rief Kiara. »Olmoti ist weg. Einfach weg.«

Nun trabte auch Kiaras Mutter heran und setzte sich neben ihre Tochter. »Der Riesenschupp hat ihn geholt. Dabei ist Olmoti so ein großes und starkes Nashorn. Ich will gar nicht wissen, wie groß und stark der Riesenschupp ist.«

»Noch stark-größer als Olmoti!«, meinte Kiara.

»Habt ihr den Riesenschupp gesehen?«, fragte Flopson.

Die Nashorn-Mutter schüttelte den Kopf. »Wir waren gerade da drüben beim Fressen, weil der Pfleger uns besonders leckere frische Apfelsinen gebracht hat. Wir haben ...«

»Wir haben uns gestritten! Um die Apfelsinen!«, rief Kiara. Sie boxte in die Luft. »So bäng. Und boom. Mama hat gestänkert. Ich habe geschubst. Und die anderen haben mitgekämpft.« Sie strahlte. »Das war lustig.«

Ihre Mutter nickte und puffte Kiara freundschaftlich in die Seite. »Ja, schon. Aber nach dem Essen haben wir gemerkt, dass Olmoti nicht mehr da war.«

»Einfach weg. Pffft. Wie ein Luftballon ohne Schnur. Oder, Mami?«

Die Mutter schnaufte durch ihre riesigen Nasenlöcher. »Ich würde Olmoti nicht gerade als Luftballon bezeichnen. Eher als ... als ...«

»Als Nashorn?«, schlug Fridolin vor.

Die Mutter nickte. »Ja, als besonders großes und schweres Nashorn. Und wenn er einfach so weg ist – da bekommen sogar wir es mit der Angst zu tun.«

»Der Löwe hat schon mit ihm gekämpft und ihn besiegt«, sagte Kiara.

»Ts!«, machte Jack. »Ein richtiges Großmaul, der Kerl.«

»Aber wir haben die größeren Mäuler«, sagte Kiara und riss ihr Maul auf. Es war natürlich nicht besonders groß. Aber dann riss die Mutter ihr Maul auf – und Flopson bestaunte den riesigen Schlund.

Voller Tatendrang zog Jack das Flatterband hervor. Er war bereit, den Tatort abzusperren. »Wo hat der Kampf stattgefunden?«, fragte der Hamster eifrig.

»Wissen wir nicht«, sagte die Mutter.

Ärgerlich schob Jack das Flatterband zurück und holte seine Lupe aus dem Rucksack. »Gibt es Spuren? Habt ihr im Sand Abdrücke vom Riesenschupp gesehen?«

Nein, Spuren gab es auch nicht.

»Leute, mal ehrlich. Wenn es keine Spuren gibt und ihr rein gar nichts gesehen habt – woher wisst ihr dann, dass es der Riesenschupp war?«, fragte Jack ungehalten. Er wollte endlich nach Spuren suchen!

»Das hat der schöne Mark gesagt«, erklärte Kiara. »Er hat uns erzählt, dass der Riesenschupp schon andere Tiere im Park geholt hat.«

DAS KLINGT NICHT GUT!

»Mark hat euch erzählt, dass Olmoti vom Riesenschupp geholt wurde?«, fragte Flopson erstaunt. »Woher weiß er denn das?«

Mutter Nashorn wirkte begeistert. »Mark weiß alles! Die Pfauen dürfen im Tierpark frei herumlaufen. Wir freuen uns immer so, wenn Mark kommt und uns das Neueste vom Tag erzählt. Wir können ja nicht raus.«

»Er ist sozusagen die Zeitung vom Tierpark«, stellte Flopson fest.

»Könnte man so sagen.« Kiaras Mutter nickte.

Jack verlor langsam seine hamsterliche Geduld. »So kann ich nicht arbeiten! Ich brauche Beweise. Spuren. Zeugen. Einen Tatort, den ich absperren kann. Und keinen Mark, der durch den Tierpark stolziert.«

Die beiden Nashörner blickten ihn erstaunt an.

»Was sind Beweise?«, fragte Kiara.

»Beweise zeigen, dass etwas stimmt. Dass eine Sache nicht ausgedacht ist, sondern wirklich so ist.« Der Hamster patschte mit seiner Pfote in den Sand und zeigte auf den winzigen Abdruck. »Wenn ich gleich weggehe, ist das hier der Beweis, dass ich da war.«

»Aber du sollst nicht weggehen«, sagte Kiara.

»Darum geht es nicht«, muffelte Jack. »Es geht um den Beweis.« Er rupfte sich etwas Fell aus und legte es neben den Abdruck. »Ein weiterer Beweis, dass ich hier war.«

»Oder ein Beweis, dass du Fellausfall hast«, fand Fridolin.

Der Hamster rollte die Augen. »Ihr alle hier seid Zeugen dafür, dass ich gerade da war, stimmt's?«

»Du bist doch immer noch da«, sagte das Pony.

»Warum brauchen wir einen Beweis, dass du hier bist? Wir sehen dich doch«, stellte Kiara fest.

»Ihr versteht das einfach nicht!« Wütend warf der Hamster seine Lupe in den Sand und trampelte im Kreis um sie herum. »Das ist doch nur ein Beispiel!«

»Ich denke, es ist ein Beweis?«, fragte Fridolin.

»Klein-Pferd!«, rief der Hamster.

Oh, oh! Flopson musste dringend etwas tun. Sie

hob die Lupe auf und reichte sie Jack. »Danke für deine Erklärung«, sagte sie, aber der Hamster schnaubte noch eine Weile weiter.

Flopson blickte die Nashörner an. »Wir sind Polizisten. Und deshalb brauchen wir genaue Informationen.« Sie sah sich im Gehege um, und ihr Blick fiel auf den Futtertrog. »Wenn es zum Beispiel gerade Apfelsinen gibt ...«

»Echt jetzt?«, rief Kiara und rannte in Richtung Futtertrog. Knapp davor stoppte sie und drehte sich um. »Das stimmt ja gar nicht. Ist ja leer.«

»Und genau das meint Jack«, sagte Flopson. »Ich habe einfach nur gesagt, dass es Apfelsinen gibt. Aber ich hatte keinen Beweis, dass es stimmt. Der Beweis ist, dass der Futtertrog leer ist.«

Die Mutter nickte. »Verstehe.« Sie dachte nach. »Wir haben den Riesenschupp noch nie gesehen, aber ...« Sie hielt kurz inne. »Aber wir haben ihn deutlich gehört. In der Nacht macht der Riesenschupp schreckliche Geräusche. Er muss ein riesiges Biest sein, so wie er rasselt und keucht.« Sie sprach leiser. »Er versteckt sich bei uns in der Nähe. Hinter den Adlern und den Stinktieren.«

Das war wieder kein Beweis, aber immerhin eine Spur. Flopson nickte der Mutter dankbar zu, und die drei Polizisten machten sich auf den Weg.

Unterwegs dachte Flopson an die verschwundene Katzenbärin Jasmin. Wo sie wohl war? Ob es ihr gut ging?

Wusch! Etwas sauste über Flopsons Kopf hinweg. Erschrocken sprang sie zur Seite und knallte gegen Fridolin, der stehen geblieben war und kreischte.

»Oh nee! Oh nee! Der Riesenschupp greift meine Nase an!«, rief er. Flopson sah hoch. Fridolin hatte etwas auf die Nase bekommen, aber sie konnte nicht erkennen, was es war. Nun sauste Meili herab und ließ sich auf Fridolins Mähne nieder.

»Also, Meili, wirklich! Uns so zu erschrecken!«, schimpfte Jack.

»Entschuldigt bitte! Das wollte ich nicht«, zwitscherte die Blaumeise. »Der Wind hat mir das Schild aus dem Schnabel gerissen.«

»Warum schleppst du es überhaupt mit?«, fragte Jack. »Du solltest nach dem Gehege vom Riesenschupp suchen und nicht mit einem Schild im Schnabel herumflattern.«

»Vielleicht kann sie beides gleichzeitig?«, schlug Fridolin vor.

»Wenn es so wäre, hätte sie das Schild ja nicht

fallen gelassen. Offenbar kann sie es eben nicht gleichzeitig.«

»Hallo? Hört ihr jetzt endlich mal zu?!«, rief Meili. »Der Riesenschupp läuft wirklich im Tierpark rum.«

Ups! Nun waren Hamster und Pony ganz still, und Meili konnte berichten, was sie herausgefunden hatte. »Ich habe einige Tiere befragt, und sie haben mir den Weg gesagt. Ganz hinten, in einer Ecke, gibt es ein Gehege, das leer ist, und an dem ein Schild draußen dranhängt. Also, dran*hing*.« Meili blickte nach unten auf das Schild, das ihr aus dem Schnabel gefallen war. »Der Nachbar, ein Stachelschwein, hat gesagt, dort sollte der Riesenschupp wohnen. Er hat Besucher belauscht, die das Schild vorgelesen haben. Aber das Tier ist dort nie angekommen.«

Über Flopsons Rücken kroch eine Gänsehaut. Sie betrachtete das weiße Schild und ließ sich dann auf den Rasen plumpsen. Das Schild war fein säuberlich mit Schrift bedruckt. Ein Bild gab es nicht, aber dafür viel Text.

Meili flatterte auf ihre Schulter. »Es war ziemlich mühsam, das Schild abzuschrauben. Und noch mühsamer, damit zu fliegen.« Sie lächelte. »Aber ich habe es geschafft. Damit du es vorlesen kannst.«

Fridolin und Jack drängten sich dicht an Flopson. Sie las. Ihre Augen wurden immer größer, ihre Ohren stellten sich ängstlich auf, und ihr Fell stand buschig ab. »RIESENSCHUPP«, las sie vor.

»Uha!«, machte Fridolin und umklammerte Flopson. »Nicht so laut.«

Hamster Jack krabbelte auf Flopsons Schoß, und Meili setzte sich auf ihren Kopf.

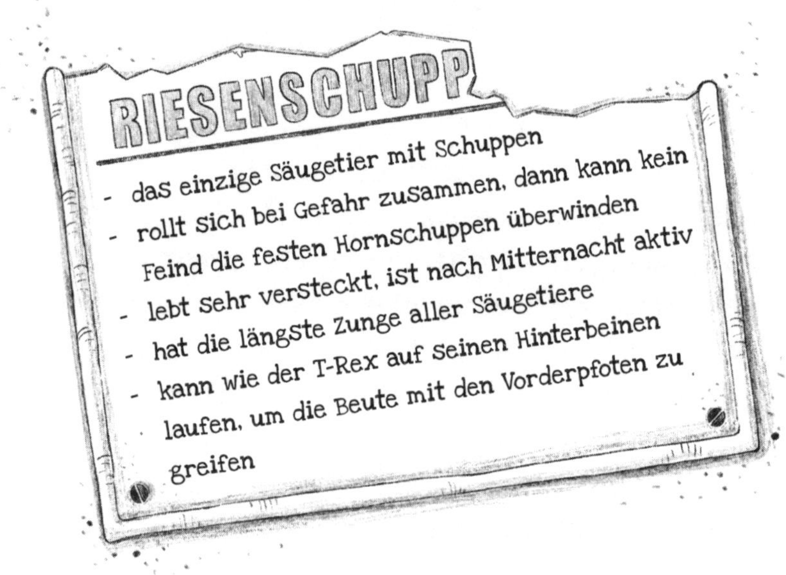

»T-Rex?«, keuchte Flopson. »Das sind riesige, wilde, fleischfressende Dinosaurier gewesen.« Fast konnte sie die lange Zunge des Riesenschupps im Nacken spüren. Sie schaute sich um. Alles war ruhig. »Das klingt nicht gut!«, sagte sie.

»Du weißt echt, wie man einem ängstlichen Tier Mut macht.« Jack seufzte.

»Ich habe nur vorgelesen, was hier steht«, sagte Flopson.

Alle vier zu einem Knäuel aus Angst und Grusel zusammengerollt, überlegten sie. Der Riesenschupp war offenbar wirklich ein großes und gefährliches Tier. Und sie waren vier kleine Tierpolizisten.

Flopson wollte genau wissen, wie das Gehege des Riesenschupps aussah. Meili erzählte, dass es mittelgroß war, mit zwei Bäumen und einigen Büschen. Hinten stand ein Haus. »Alles sieht ganz neu aus, richtig fein.«

»Hast du dich umgehört? Gab es Zeugen?«, fragte Jack streng.

Die Blaumeise gab ihm einen Nasenstüber. »Hör mal, Hamster! Natürlich hab ich versucht, Zeugen zu befragen. Aber es gibt keine! Die Stachelschweine zur Linken und die Ameisenbären zur Rechten – beides übrigens sehr freundliche Tiere – haben den Riesenschupp noch nie gesehen. Es ist so, wie Mark gesagt hat: Der Riesenschupp muss direkt nach der Ankunft im Tierpark ausgebüxt sein.«

Meili erzählte, dass die Stachelschweine und die Ameisenbären nicht gerade begeistert davon waren, dass das monsterartige Tier ausgerechnet ihr neuer

Nachbar werden sollte. Aber sie waren auch ein bisschen stolz darauf. Mark war wohl schon zwei Mal bei ihnen gewesen und hatte sich nach Neuigkeiten über den Riesenschupp erkundigt.

Flopson stellte die Ohren auf. Sie hatte etwas gehört.

HÄ? NEIN!

Kraaaat! Kraaaat!

Flopson sah die anderen an. »Habt ihr das auch gehört?«

»Klar«, sagte Meili. »Es war ja nicht zu ...«

Pfüüiiiet!, kreischte es durch den Park. Das Geräusch klang schauerlich. Schrill und grell und knatternd.

»Der Riesenschupp!«, flüsterte die Katzenbärin.

»Übel. Ganz übel«, stellte Fridolin fest. »Das isser. Der Riesen...« Er wagte nicht, den Namen des Tiers ganz auszusprechen.

»Er ist ganz hier in der Nähe«, flüsterte Jack.

»Und wenn er uns gleich aus dem Hinterhalt anspringt?«, fragte Meili und klammerte sich an Fridolins Ohr.

Flopson hatte zwar auch Angst, aber sie musste jetzt Mut zeigen. Außerdem war sie ein bisschen neugierig auf dieses monsterartige Tier. »Ein Gutes hat das Gekrächze«, flüsterte sie den anderen zu. »So lange wissen wir genau, wo der Riesenschupp ist. Los, wir schleichen uns an.«

»Wisst ihr, was ich nicht verstehe?«, fragte Meili, die gleich ein bisschen weniger ängstlich wirkte durch Flopsons Mut. »Warum macht er so einen Rabatz, wenn er sich verstecken will?«

Die anderen mussten zugeben, dass die Blaumeise recht hatte. »Bestimmt will er den Tieren Angst machen. Weil man ängstliche Tiere leichter einfangen kann«, sagte Fridolin.

Sie schlichen in Richtung des Krächzens. Und dieses Schleichen muss man sich sehr langsam vorstellen. Flopson tapste an einem Zaun entlang. Das Pony, auf dem die beiden kleinsten Polizisten saßen, folgte ihr zaghaft.

Der Rabatz wurde immer lauter.

Flopson drehte sich um und sah, dass die anderen stehen geblieben waren. »Na, hört mal!«, zischte sie. »Was soll das?«

»Nix. Das soll nix«, sagte Fridolin. »Wir trauen uns einfach nicht.«

»Der Riesenschupp ist ein Tier wie jedes andere. Bestimmt kann man mit ihm reden«, sagte Flopson. Das glaubte sie zwar selbst nicht, aber vor den

Schauergeschichten vom schönen Mark wollte sie einfach keine Angst mehr haben.

»Können wir morgen bei Tageslicht weitersuchen?«, fragte Meili.

»Da schreit der Riesenschupp nicht mehr. Und dann finden wir ihn nicht«, sagte Flopson. Aber die anderen blieben stur stehen. »Leute, wir sind die Tierpolizei. Und wir haben einen Fall.« Flopson tapste zurück und stellte sich vor dem Pony auf zwei Beinen auf. »Was sollen denn die Tierparktiere von uns denken?«

»Ist mir eigentlich egal«, sagte das Pony.

»Zum Beispiel der Löwe«, sagte Flopson zu Jack. »Soll er denken, dass wir nicht mit dem Riesenschupp fertigwerden?«, fragte sie. »Genau wie er gesagt hat?«

Jack überlegte nicht lange. Er rutschte vom Rücken des Ponys und tippelte los. »Kommt, Leute, schnappen wir uns diesen Riesenschupp!« Weg war der Hamster.

»Hey, warte! Wir müssen zusammenbleiben!«, rief Flopson und rannte hinterher.

Vor ihnen tat sich ein Weg auf. Links und rechts standen kleine, längliche Häuser, vor denen sich mehrere Gehege mit Gittern befanden. Das Geschrei wurde immer lauter, je näher sie kamen.

Jack hockte sich vor das Gitter des ersten Geheges. »Hey da!«, zischte er.

Im Dunkeln hob ein großes Tier den Kopf. Flopson konnte nichts weiter erkennen als zwei Augen, die sich kurz öffneten. »Nachtruhe«, brummte das Tier.

»Nur eine kurze Frage«, rief Jack.

»Morgen wieder.«

»Von wo kommt das Geschrei?«, fragte der Hamster trotzdem.

»Keine Ahnung. Aber kannste mal Bescheid sagen, dass Nachtruhe is'? Gilt für alle hier. Is' mir zu laut.«

»Ja, gut, machen wir.« Jack winkte den anderen zu und lief weiter den Weg entlang.

Am dritten Gehege wurde das Gejaule noch lauter.

Es kam von oben. Vom Dach? Nein, aus einem Baum, der in dem Gehege stand. Und im Baum hockte ein winziges Tier auf einem Ast. In einer Hand hielt es eine Ratsche, die es wild herumdrehte. Daher kam also das Krächzen! In der anderen Hand hielt es eine Tröte, in die es zwischendrin immer wieder blies. Das war wohl das laute Kreischen.

»Bist du der Riesenschupp?«, fragte Fridolin fassungslos.

»Hä? Nein!«, rief das Tier mit einer zarten und zittrigen Stimme.

Wieder wurde es richtig laut, aber diesmal davon, dass alle vier Tierpolizisten gleichzeitig ausatmeten. Vor Erleichterung. Das Tier war etwas größer als Jack, hatte dunkles Fell und runde Augen, die viel zu groß für das kleine Gesicht wirkten. Seine Ohren standen ab und waren so fein, dass das Mondlicht hindurch leuchtete. Die Beine erinnerten an Froschbeine und waren so lang, dass die Knie ihm bis zum Hals reichten. Seine vier Pfoten hatten an den Zehen lustige runde Enden.

»Warum machst du solchen Krach mitten in der Nacht?!«, schimpfte Jack. »Das ist viel zu laut.«

»Ja, genau. Extra laut. Damit der Riesenschupp mich nicht holt. Ich hab Angst vor ihm und will ihn verjagen.« Das kleine Tier hielt die Ratsche und die Tröte hoch. »Hab ich im Müll gefunden«, erklärte es.

»Warum bist du nicht in deinem Gehege?«, fragte Meili.

»Ich bin abgehauen. Weil die anderen fies zu mir waren«, erklärte der Kleine.

»Oh! Das tut mir leid. Und jetzt lebst du einfach so im Tierpark?«, fragte Meili.

»Ja, klar. Hauptsache nicht bei den anderen. Die sind doof und gemein.«

»Was bist du für ein Tier?«, fragte Meili, flatterte in den Baum und setzte sich neben das Tierchen auf den Ast.

»Ich bin ein armes, kleines Tier. Und ich hab keine Freunde. Und ich will nicht, dass der Riesenschupp mich frisst.«

»Was für eine Tierart bist du?«, versuchte Meili es weiter.

»Hab ich vergessen, ist so ein langer Name«, sagte das Tierchen mit zittriger Stimme.

Flopson seufzte. »Jedenfalls sollen wir dir vom Tier ganz vorn ausrichten, dass jetzt Nachtruhe ist.«

»Ist mir egal. Ich kann eh nicht schlafen. Ich hab Angst. Deshalb mache ich extra Krach.« Der Kleine begann aufs Neue zu ratschen und zu tröten.

Flopson versuchte, ihn zu beruhigen. »Das verstehen wir ja. Aber die anderen denken, dass du der Riesenschupp bist«, sagte sie.

»Ich?!«, rief das kleine Tier. »Ich doch nicht!«

»Das können die anderen ja nicht wissen!«, rief Jack ungeduldig.

»Ein bisschen lustig ist es schon«, grinste das Pony. »Dass du aus Angst vor dem Riesenschupp Krach machst, und dann denken alle, dass du der Riesenschupp bist.«

»Hä? Ich?«, rief der Kleine wieder. »Ich bin doch nicht der Riesenschupp!« Er schien es einfach nicht zu verstehen.

Flopson lächelte ihm möglichst freundlich zu. »Das wissen wir. Aber du musst aufhören, solchen Krach zu machen. Weil sonst alle Tiere im Tierpark nicht schlafen können.«

»Aber ich hab Angst«, sagte der Kleine.

Meili legte ihm einen Flügel auf den Arm. »Dann bleiben wir heute Nacht hier und beschützen dich, ja?«, schlug sie vor.

»Aber alle vier«, sagte der Kleine.

»Ja, alle vier«, sagte Meili.

Das kleine Tier kletterte geschickt aus dem Baum. »Dieses Gehege steht gerade leer. Kommt rein.«

Fridolin schob sich durch die Tür des Zauns, die anderen folgten ihm. Alle vier Tierpolizisten bildeten zusammen einen Kreis um das Tierchen herum.

»Fühlst du dich jetzt sicherer?«, fragte Flopson.

»Geht so. Ein bisschen«, war die Antwort.

»Warum fangen die Menschen den Riesenschupp eigentlich nicht ein?«, fragte Flopson schläfrig.

»Eine gute Frage.« Meili gähnte.

»Das wäre wirklich ihre Aufgabe«, sagte Jack müde.

»Bestimmt finden sie ihn nicht«, meinte Fridolin matt. »Wenn schon die Tiere nicht wissen, wo er sich versteckt. Dabei können Tiere viel besser riechen und hören als Menschen.«

»Vielleicht schaffen sie es einfach nicht«, murmelte Jack leise.

War es der lange, lange Arbeitstag? Das viele Laufen? Die neuen Gesichter im Tierpark? Die Dunkelheit der Nacht? Oder die Furcht vor dem Riesenschupp? Jedenfalls schliefen die Tierpolizisten einfach ein, mitten im Gehege.

INDO ... WAS?

Flopson schreckte hoch. Was war das? Stimmen? Sie drehte den Kopf. Waren etwa Menschen in ihrem Polizeirevier? Das kam doch sonst nie ... Oh! Sie waren ja gar nicht zu Hause im Revier. Sie waren im Tierpark. Nun fiel Flopson alles wieder ein.

»Wie süß! Mega! Mach Foto. Los, mach mal Foto!«, rief die Stimme eines Menschen.

Flopson sah sich um. Sie waren in dem leeren Gehege eingeschlafen. Und jetzt, am Morgen, standen Menschen davor und blickten hinein. Auch die anderen Polizisten erwachten. Flopson konnte das gleiche Erstaunen in ihren Gesichtern sehen, mit dem sie gerade aufgewacht war.

»Wir sind nicht zu Hause«, sagte sie schnell. »Wir sind im Tierpark.«

Langsam kamen alle vier auf die Füße.

»Wo ist das kleine Tier?«, fragte Jack.

»Es ist weg«, stellte Flopson erschrocken fest.

»Das sind ja lauter verschiedene Tiere!«, rief ein Mensch.

»Was? Mega! Mach mal Foto«, rief ein anderer.

»Voll süß! Das sind bestimmt Freunde. Lauter Tierfreunde!«

»Ich wusste gar nicht, dass Tiere auch Freunde haben.«

»Warum eigentlich nicht. Komm, wir gehen noch mal zum Nashorn ganz vorn.«

Nashorn? Ganz vorn? Schon war Flopson unterwegs. Die anderen hatten es nicht gehört, und sie musste ein paarmal nach ihnen rufen, bis sie ihr folgten.

Im Schutz der Zäune, Gitter und Büsche rannte Flopson zum ersten Gehege zurück. Dort stoppte sie. Hier wohnte das Tier, das sich wegen der Nachtruhe beklagt hatte. Ein großer brauner Stein hockte hinten im Schatten und kaute Salat. Diese Art Stein kam Flopson bekannt vor. Es war wirklich ein Nashorn!

»Olmoti?«, rief Flopson aufgeregt.

Erstaunt blickte das Nashorn auf. »Kennen wir uns?«, fragte es.

»Nein, aber die anderen Nashörner haben erzählt, dass du weg bist. Sie machen sich große Sorgen um dich, denn sie glauben, dass der Riesenschupp dich geholt hat.«

»Riesenschupp? Von wegen. Die Menschen haben mich von den anderen weggeholt. Und in dieses winzige Gehege gesperrt. Was soll das? Ich hab nix gemacht. War immer nett. Also meistens. Außer mal schön stänkern und dongsen. Aber die anderen haben angefangen. Meistens.« Olmoti stand auf und war nun wirklich sehr groß.

»Warst du grob zu den anderen Nashörnern?«, fragte Jack.

»Ich? Nee! Fast nie!«, beharrte Olmoti. »Hab ich nicht verdient, hier so eingesperrt zu werden.«

Alle waren froh, Olmoti zu sehen. »Ich bin so glücklich, dass der Riesenschupp dich nicht geholt hat«, sagte Fridolin.

»Mich? So ein Quatsch. Wie groß soll der Kerl sein, dass er mich besiegen kann?«

Flopson fiel auf, dass neben der Tür ein Schild hing. So ein ähnliches, wie Meili es vom Gehege des Riesenschupps mitgebracht hatte. Sie sprang ein paarmal hoch, um es zu lesen, aber es klappte nicht. »Pony?!«, rief sie.

Fridolin zögerte nicht lange, zog das Schild mit seinen kräftigen Zähnen ab und legte es vor Flopson hin.

»Du solltest es nicht kaputt machen!«, rief Flopson. »Ich wollte auf deinen Rücken steigen, damit ich es lesen kann.«

»Oh, ach so.« Das Pony lächelte entschuldigend.

Aber nun war das Schild eben ab, und Flopson las sich den Text durch. »Du bist ein Sumatra-Nashorn«, sagte sie.

»Weiß ich selbst«, sagte Olmoti.

»Oh!« Nun staunte Flopson. »Olmoti? Warst du schon mal in Indonesien?«, fragte sie.

»Ich? Nee! Ich komme aus einem Zoo in England. Und dann habe ich hier ein paar Jahre gelebt.«

»Du kommst nach Indonesien. Du sollst ausgewildert werden«, erklärte Flopson.

»Wilder werden?«, rief Olmoti. Er nahm Anlauf. »Das kann ich«, rief er.

»Nein!«, sagte Flopson schnell. »Nicht wilder werden. Aus-ge-wildert werden. Das heißt, dass du in die Wildnis kommst, in die Natur. In echte Wälder und Berge und Wiesen. Dort, wo Nashörner eigentlich leben.«

»Was? Aber ...« Olmoti fing sofort an zu weinen vor Glück. Dicke Nashorntränen. »Das ist das Schönste, was ich mir vorstellen kann. Indo-was?«

»Indonesien«, sagte Flopson. »Zusammen mit drei Nashörnern aus anderen Tierparks.«

»Andere? Oh! Oh ja! Das ist sooo ... riesig!« Olmoti nahm wieder Anlauf und dremmelte gegen den Zaun.

»Olmoti, Ruhe!«, rief von draußen eine Pflegerin, die gerade mit ihrer Schubkarre vorbeikam. »Ich komm gleich rein da!«

Ups! Die Tierpolizisten durften sich nicht von ihr erwischen lassen. Sie duckten sich an die Seite.

»Nashörner sind fast ausgestorben«, erklärte Flopson. Das wusste sie aus dem Fernseher von Frau Huppenschuh, die gern Tiersendungen guckte. »Deshalb werden sie im Tierpark gezüchtet und dann wieder in der Natur ausgewildert.«

»Das ist einsame Spitze!«, rief Olmoti und haute mit seinem Horn gegen einen Baum.

»Olmoti?«, fragte Flopson. »Hast du den Riesenschupp schon mal gesehen?«

»Nein«, sagte das Nashorn.

»Wieder kein Zeuge«, stellte Flopson fest. Sie drehte sich zu ihren Kollegen um. Doch die waren weg.

»Ssst! Schnell!«, zischte eine Stimme aus dem Gebüsch.

Jack saß unter einem Strauch und winkte ihr. Fridolin hatte sich hinter einer niedrigen Mauer verstecken können.

Meili flatterte aufgeregt um ihren Kopf. »Flopson, schnell weg!«

Die Tür auf der Hinterseite öffnete sich, und die

Pflegerin betrat das Gehege. Vor Schreck blieb Flopson einfach sitzen. Es war sowieso zu spät, noch wegzulaufen. Und wenn sie jetzt hinter die Mauer sprang, würde die Pflegerin auch noch Fridolin entdecken.

»Na, mein Süßer ...«, sagte die Pflegerin zum Nashorn, stoppte aber sofort. »Moment! Jasmin? Was machst du denn hier?« Sie starrte Flopson an und zog ihr Handy aus der Tasche.

»Hallo, Kurt? Hier ist Mandy. Ich habe deine Katzenbärin entdeckt. Ja, sie sitzt bei Olmoti im Gehege. – Doch, ich bin mir ganz sicher, dass es Jasmin ist. – Ich weiß nicht, ob ich schnell genug bin, aber ich kann es ja mal ... ups! Sie ist weg.«

Flopson war mit einem Satz auf die kleine Mauer gesprungen, von dort auf einen Ast und hatte sich über den Zaun fallen lassen. »Wir treffen uns bei den Nashörnern!«, rief sie den anderen zu.

Die Pflegerin konnte zum Glück keine Tiersprache und wusste nicht, dass Flopson ihren Freunden etwas zugerufen hatte. Sie wusste nicht mal, dass sich überhaupt noch andere Tiere im Gehege versteckten.

Es war noch früh am Morgen, und nur ein paar einzelne Menschen bummelten durch den Tierpark. Flopson wetzte über den Sandweg. Weiter hinten kam ein Pfleger in einem kleinen, offenen Wagen angefahren und sah sich suchend um. Vermutlich hielt er Ausschau nach Flopson. Oder besser gesagt nach Jasmin, der verschwundenen Katzenbärin.

NOCH ANDERSER ALS ANDERS

Die vier Tierpolizisten trafen sich kurz darauf am Gehege der Nashörner wieder. Sie versteckten sich hinter einer großen Statue aus Stein, die wie ein Nashorn aussah. Dort warteten sie, weil gerade eine Schulklasse vorbeilief.

Als sie wieder allein waren, krabbelten sie an der Seite des Geheges durch die Gitterstäbe zu den Nashörnern, nur Fridolin blieb draußen, weil er nicht durchpasste. Sie richteten liebe Grüße von Olmoti aus und sagten Bescheid, dass es ihm gut ging. Alle Nashörner waren erleichtert. Und dann musste Flopson noch einmal erklären, was Auswildern sein sollte.

»Indonesien?«, schwärmte Kiara. »Da will ich auch mal hin.«

»Wenn du groß bist, klappt es vielleicht«, sagte Meili.

»Und falls ihr Mark seht, dann sagt ihm, dass Olmoti gar nicht weg ist. Er soll aufhören, im Tierpark falsche Geschichten zu erzählen!«, rief Flopson.

Das gab Fridolin gleich wieder zu denken. »Gibt es auch richtige Geschichten?«, fragte er durch den Zaun.

Jack schnaufte ungeduldig. »Flopson meint, dass Mark nicht rumschwindeln soll«, sagte der Hamster.

Das Pony nickte verständig. »Klar. Das ist wieder das mit der Wahrheit. Und dass Mark eine andere Wahrheit hat als wir.«

Die vier Polizisten krochen hinter die Nashorn-Statue und futterten den Salat, den die Nashörner ihnen geschenkt hatten. Sogar eine Apfelsine war dabei.

»Irgendwie ist alles anderser«, stellte Fridolin kauend fest.

»Was soll das wieder heißen?«, fragte Jack gereizt.

»Ganz einfach«, erklärte das Pony. »Es ist sowieso schon anders, wenn ein Riesenschupp frei im Tierpark rumrennt. Aber jetzt ist es noch anderser als anders, denn der Riesenschupp ist anders, als wir dachten.«

»Als Nächstes befragen wir die Katzenbären«, schlug Flopson vor. »Sie belügen mich bestimmt nicht.« Sie war so voller Vorfreude, endlich andere Katzenbären zu treffen, dass sie einfach loslief.

»Ähm, Flopson?!«, rief Meili. Die Blaumeise flatterte vor ihrer Nase herum. »Dreh dich mal um!«

Das tat Flopson, und sie musste feststellen, dass Hamster Jack in die andere Richtung lief. »Hey, warte!«, rief sie.

Aber der Hamster tippelte auf seinen vier kurzen Beinen weiter. »Der Löwe hat den Riesenschupp aus der Nähe gesehen. Den Typen knöpf ich mir jetzt noch mal vor!«, rief er. »Und wehe, er schwindelt. Dann kriegt er eins mit der Lupe!«

»Du weißt schon, dass der Löwe ein bisschen größer und stärker ist als du, oder?«, fragte Meili frech.

»Nicht dass er dir deine Lupe wegnimmt«, ergänzte Fridolin.

»Ts«, machte Jack nur und marschierte auf die gelbe Mauer zu, von der sie am Vortag gekommen waren. In der Hand hielt er seine Lupe.

»Bleib stehen!«, rief Flopson. »Wir gehen jetzt zu den Katzenbären!«

Aber die Wut machte das kleine plüschige Tier erstaunlich schnell. »Ich schnapp mir jetzt diesen Typen und presse die Wahrheit aus ihm raus!«, rief Jack und wieselte weiter.

»Ich kümmere mich um ihn«, sagte Fridolin und galoppierte los. Er gelangte zum Hamster, packte ihn mit seinen Lippen und setzte ihn auf seinen Rücken. Und dann – ritten die beiden einfach weiter!

»Ich fasse es nicht!«, rief Flopson. »Hey! Wartet!«

Aber die beiden hörten nicht auf sie. Flopson holte sie erst ein, als sie vor dem großen Gehege stoppten. Der Löwe war gerade damit beschäftigt, in der Sonne zu dösen. Es sah gemütlich aus, fand Flopson.

Aber Jack regte sich gleich wieder auf. »Faulpelz! Andere Leute schuften hier und suchen den Riesenschupp, und Mister Mähne sonnt sich.«

»Was soll er denn sonst machen?«, fragte Fridolin. »Er kann ja nicht raus.«

»Trotzdem«, muffelte Jack.

Flopson blickte ihre Kollegen ernst an. »Ich gehe rein. Ihr wartet hier!«

»Nö! Ich will nicht warten. Ich will dem Kerl die Meinung sagen«, rief Jack.

»Und dann?«, fragte Meili streng.

»Dann? Dann ... hab ich sie ihm gesagt«, erklärte Jack.

»Und dann?«, fragte die Blaumeise weiter.

Der Hamster zuckte mit den Schultern und blickte Flopson an. »Und dann redest du mit ihm.«

»Oder Flopson redet gleich mit ihm. Und wir lassen den Teil weg, in dem du ihm die Meinung sagst«, schlug Meili vor.

Mufflig willigte der Hamster ein.

»Aber sei bitte vorsichtig!«, rief Meili. »Falls er gerade Hunger hat.«

Flopson nickte, dann balancierte sie über den Zaun, bis zum Ende, aufs Dach vom Löwenhaus, in das die Löwen bei schlechtem Wetter gingen. Von dort sprang sie auf einen Baum. Hinter dem Zaun standen Menschen. Sie riefen und machten Fotos.

»Guck mal, sie geht zu dem Löwen rein.«

»Ist das ein Löwenbaby?«

»Nein, Quatsch, ist doch rotes Fell. Das ist eine Katzenbärin.«

»Ist sie verrückt? Das ist doch total gefährlich. Mach mal ein Foto!«

Dem Löwen war die ganze Aufregung herzlich

egal. Schläfrig hob er den Kopf. »Na, habt ihr den Riesenschupp erlegt, ihr Helden?« Er lachte und schüttelte dabei seine Mähne. Sand und Staub flogen herum.

Flopson versuchte, wie eine Chefin zu sitzen und zu sprechen. Gerade, laut und sicher. »Nein, haben wir nicht. Aber wir wissen jetzt, dass er nachts nicht schreit.«

»Ach?«, sagte der Löwe.

»Außerdem ist das Nashorn Olmoti gar nicht weg«, erklärte Flopson.

»Nicht?« Der Löwe gähnte.

»Nicht«, bestätigte Flopson. »Der Riesenschupp kann auch nicht fliegen, das hat sich Mark nur ausgedacht.« Sie sprang vom Ast zu Boden und wagte sich näher. Hatte sie Angst vor dem riesigen Löwen? Ja! Aber sie musste leider zu ihm gehen, denn nur so konnte sie ihm zeigen, dass sie auch eine mutige Chefin war. »Und jetzt möchte ich, dass du mir die Wahrheit sagst: Wie sah der Riesenschupp aus?«

Gelangweilt leckte sich der Löwe seine große Tatze. »Hab ich dir doch alles schon erzählt.«

Plötzlich blitzte ein Licht über die Felssteine. Der kleine helle Lichtpunkt tanzte über den Sand, über das Wasser und verfing sich dann im Fell des Löwen.

»Was ist das?«, rief der Löwe und sprang auf. Er haute mit der Tatze auf den Lichtpunkt, aber dieser wanderte schnell auf die andere Seite, dann über die Mähne und zurück.

Verwundert drehte Flopson sich um. Unter einem Gebüsch glänzte etwas in der Sonne. Ein Spiegel? Oder etwa eine kleine Lupe? Ja, klar! Jack war ihr ins Gehege gefolgt. Jetzt saß er im Gebüsch und fing mit der Lupe die Sonne ein. Der Lichtpunkt tanzte auf der Nase des Löwen, der erschrocken nach unten schielte. Es war genau, wie der Hamster gesagt hatte: Wenn der Löwe schwindelte, verpasste er ihm eins mit der Lupe auf die Nase.

Flopson musste nicht lange überlegen. »Das ist der Riesenschupp«, sagte sie. »Er kann Lichtgeister durch die Gegend schicken. Die spuken hier herum und rauben dir den Schlaf.« Die Katzenbärin traute sich noch näher. »Der Riesenschupp wird nämlich richtig sauer, wenn jemand Lügenmärchen über ihn erzählt.«

Ängstlich sprang der Löwe auf. »Glaubst du wirklich?«

»Ich glaube es nicht, ich weiß es!«, erklärte die Katzenbärin. »Das hat mir nämlich Mark erzählt. Und der weiß alles.«

Der Löwe kam auf seine vier Beine und sah sich um.

»Denkst du, der Riesenschupp hat gehört, was ich gesagt habe?«

Insgeheim glaubte Flopson das zwar nicht, denn der Riesenschupp schien sich sehr versteckt zu halten. Aber sie nickte trotzdem. »Na klar. Sonst hätte er keine Lichtgeister geschickt, die auf deiner Nase herumtanzen.«

Der Löwe wirkte so ängstlich, dass er Flopson schon fast leidtat. Er ging zur Seite, um dem Lichtpunkt auszuweichen, doch das Licht folgte ihm.

»Der Lichtgeist lässt dich in Ruhe, wenn du mir die Wahrheit über den Riesenschupp sagst. Und wie euer Kampf wirklich war.«

Der Löwe nickte. Er winkte Flopson näher zu sich heran. Aber sie wollte nicht dicht neben einem großen, starken Löwen mit riesigen Zähnen sitzen. »Ich höre dich auch von hier«, sagte sie.

»Ja, aber ich kann nicht so laut sprechen. Es ist mir peinlich«, flüsterte er. »Die Löwinnen sollen es nicht hören.«

War das ein Trick? Wollte er Flopson fressen? Langsam kroch sie weiter an ihn heran. Aus der Nähe wirkte er noch mächtiger.

»Gar nicht«, sagte er.

»Was?« Flopson verstand nicht, was das heißen sollte.

»Gar nicht. Unser Kampf war gar nicht. Wir haben nicht gekämpft«, flüsterte der Löwe. »Ich habe mir das nur ausgedacht. Der Riesenschupp war nie hier.«

DEN TYPEN HAB ICH ECHT GEFRESSEN!

»Du hast den Riesenschupp nie gesehen?«, fragte Flopson erstaunt.

Der Löwe schüttelte den Kopf. »Nein. Ich weiß nur, was Mark erzählt hat. Und ... vielleicht habe ich noch die eine oder andere Sache ergänzt.«

»Warum?«, fragte Flopson aufgebracht.

Der Löwe erhob sich und kam noch näher an sie heran. »Weil ich der Chef bin. Und der Chef muss kämpfen. Damit die jungen Löwen keine Angst haben. Damit alle wissen, dass ich der Stärkste bin. Und ...« Der Löwe strich sich verlegen durch seine Mähne. »Und es ist auch ziemlich langweilig hier. Es hat Spaß gemacht, sich diesen Kampf auszudenken. Und Mark hat es dann allen erzählt. Das war richtig spannend.«

»Hab ich es mir doch gedacht!«, piepste jemand hinter Flopson. »Alles gelogen, du Pfeife!«

Flopson drehte sich um – und sah Jack, der unter dem Gebüsch hervorkam und auf den Löwen zulief. »Du bist auf mich reingefallen. Es gibt keinen Lichtgeist. Das war einfach nur meine Lupe!« Wütend fuchtelte er mit seiner Lupe herum.

Der Löwe brüllte los. Laut. Unerwartet. Wütend. Mit einem kräftigen Satz sprang er auf Jack zu. Der hockte einfach nur da und konnte sich nicht bewegen, starr vor Schreck.

Ohne nachzudenken, sprang Flopson ebenfalls auf Jack zu, erwischte ihn und schlitterte mit ihm über die Steine. Sie waren glatt und rutschig, weil sie von einer feinen Schicht Moos überzogen waren.

Das Moos wuchs hier so gut, weil die Steine feucht waren. Schließlich lagen sie direkt am Wasser. Der Löwe stoppte, denn er wollte nicht ins Wasser fallen. Vermutlich war er genauso wasserscheu wie Flopson. Doch sie rutschte immer weiter. Konnte sich nicht mehr halten. Zusammen mit dem Hamster plumpste sie direkt in das muffige Wasser des kleinen Grabens.

Es war dunkel unter der Wasseroberfläche. Kurz tauchten sie auf. Flopson holte Luft. Sie keuchte. Schnaufte. Wusste nicht mehr, wo sie war. Wie sie das Ufer erreichen konnte. Dann tauchte sie wieder unter. Kämpfte sich nach oben, strampelte. Sie merkte, dass sie Jack immer noch umklammerte. Sie musste ihn retten! Sie durfte ihn nicht loslassen. Aber sie konnte doch gar nicht schwimmen. Ihr Kopf und ihr Körper bestanden nur noch aus Angst.

Eine Hand griff nach ihr. War es überhaupt eine Hand? Nein, es war etwas Hartes, Schwarzes. Ein Haken? Er legte sich um Flopson und Jack und zog sie aus dem Wasser.

Flopson öffnete die Augen. Und blickte direkt in das Gesicht von Frau Huppenschuh! Die Dame kniete auf dem Rasen, hatte ihre Arme durch das Gitter geschoben und fischte mit einem Regenschirm die beiden Tiere aus dem Graben. Flopson klammerte sich an den Schirm und hielt mit dem anderen Arm Jack fest.

Der Hamster glitschte aus Flopsons Umarmung und rannte davon.

»Flopson! Endlich hab ich dich. Seit wir uns gestern gesehen haben, suche ich nach dir!«, rief Frau Huppenschuh, gleichermaßen begeistert und empört. »Du armes Ding. Diese Tierparkleute haben die Sache ja gar nicht im Griff.« Sie wickelte Flopson in ihre rosa Jacke und versuchte, sie trocken zu rubbeln.

Flopson wollte sich entwinden, aber sie konnte nicht. Sie war wie gelähmt. Wie in einem Film, den man mittendrin angehalten hatte. Sie war nicht zu der kleinsten Bewegung fähig. Nicht nur, dass sie fürchterliche Angst vor Wasser hatte und gerade im

Tiefen fast untergegangen wäre. Nicht nur, dass sie Jack vor einem wütenden Löwen gerettet hatte. Nein, es waren ihre Erinnerungen, die sie so bestürzten. Denn – sie hatte genau diese Situation schon einmal erlebt. Und Frau Huppenschuh wohl auch.

»Es ist alles genau so wie damals, beim ersten Mal«, sagte die Dame und schickte sich an, Flopson in ihre große Tasche zu stopfen. »Da haben die Tierparkleute auch nicht richtig aufgepasst. Ein Skandal! Da musste ich dich aus dem Wasser retten, genau hier. Und dann sind wir zusammen nach Hause gegangen. Das machen wir jetzt genauso. Dieser Tierpark ist nichts für dich. Viel zu gefährlich.«

Sie zog den Reißverschluss zu, und es wurde dunkel über Flopson. Erst jetzt erwachte die Katzenbärin aus ihrer Schockstarre. Sie musste hier weg! Raus aus dieser Tasche. Sie wollte nicht wieder zu Frau Huppenschuh in die Wohnung!

»Aber eins möchte ich wissen«, plapperte die Dame weiter. »Warum springst du immer ins Wasser, du dummes Ding, wenn du gar nicht schwimmen kannst? Da hast du wirklich Glück, dass ich dich gerade noch gefunden habe.«

Flopson wurde in der Tasche herumgeschleudert – wahrscheinlich war Frau Huppenschuh losgegangen. Wo war bloß der Anfang von diesem Reißverschluss? Flopson kratzte von innen an der Tasche. Sie wollte raus! Zu ihren Freunden!

»Iiih! Uaahh!«, rief Frau Huppenschuh. »Was soll denn das? Du ungezogenes Pony! Lass die Tasche los!« Es rumpelte, als die Tasche zu Boden fiel. Dann wurde es hell, denn der Reißverschluss öffnete sich. Eine Hand griff nach Flopson. Oder eine Schnauze? Ein Flügel? Sie konnte es nicht sagen.

»Flopson, schnell!«, rief Meili.

»Komm raus. Jetzt oder nie!«, rief Jack.

»Mhpmhf!«, machte Fridolin. Und das lag daran, dass er noch immer den Henkel der Tasche in der Schnauze hielt.

Ängstlich und nass schob Flopson ihren Kopf aus der Tasche. Sie sah Meili und Jack, die sich gemeinsam bemühten, den Reißverschluss bis zum Ende aufzuziehen. »Renn weg!«, sagte Meili.

»Kann nicht«, stotterte Flopson. »Zu nass. Zu erschrocken.«

Frau Huppenschuh beugte sich über die Tasche. »Flopson, du bleibst drin!«

»Du kommst da jetzt raus!«, schimpfte Meili. »Sofort.«

»Ja, gut«, sagte Flopson. Sie strengte sich sehr an, schob die nassen Pfoten hinaus und ließ sich mühsam aus der Tasche fallen.

»Und jetzt wegrennen!«, rief Jack.

»Bleib hier!«, rief Frau Huppenschuh. »Zurück in die Tasche! Aber flott!«

Flopson schüttelte sich das Wasser aus dem Fell. Nur knapp entwischte sie dem kräftigen Griff der Dame und rannte los. Sie wollte sich umblicken, doch Meili flatterte direkt vor ihre Nase. »Komm, weiter. Die anderen sind hinter dir. Alles gut. Du schaffst das. Nur noch bis da vorn.« Die Blaumeise winkte und zeigte auf ein großes Schild. »Dahinter können wir uns verstecken! Schnell!«

Das Schild zeigte eine Karte des Tierparks mit allen Wegen und Gehegen. Es stand am Rand zwischen zwei dicken Bäumen. Dahinter wuchsen Büsche, es war kühl und schattig. Ja, hier konnten sie sich verstecken, verschnaufen und überlegen.

Flopson folgte der Blaumeise und sprang hinter das große Schild. Sie lugte hervor. Frau Huppenschuh rannte weiter geradeaus.

Erschöpft ließ die Katzenbärin sich fallen. Sie zitterte. Auch Jack klapperte mit den Zähnen. Sein dickes Teddyfell triefte, und er sah eher aus wie ein nasses Mäuschen als wie ein Hamster. Die vier saßen einen Moment still zusammen und kuschelten. So ein Tierpark war sogar für hartgesottene Tierpolizisten ein wilder Ort voller Gefahren.

Jack schüttelte sein Fell und wurde wieder flauschig. »Pony!«, rief er, und es klang so, als ob er mal wieder mit Fridolin schimpfen wollte. Stattdessen rannte er auf das Pony zu und umarmte sein Bein. »Ich dachte schon, ich sehe dich nie wieder.«

»Jäckilein, das würde ich doch nie erlauben«, sagte Fridolin. »Du siehst mich immer wieder.«

Der Hamster setzte ein finsteres Gesicht auf und ballte seine Faust. »Dieser Löwe! Er ist schuld, dass wir ins Wasser gefallen sind! Den Typen hab ich echt gefressen«, schimpfte er.

Fridolin runzelte die Stirn. »Na ja, Jäckili, man könnte auch sagen, er hätte dich fast gefressen.« Er blickte die anderen an. »Oder?«

Meili und Flopson nickten. Wo das Pony recht hatte, hatte das Pony recht.

»Aber nur fast«, sagte der Hamster.

»A-aber es ha-hatte auch was Gu-Gutes«, brachte Flopson endlich schlotternd hervor. »W-weil ich jetzt w-weiß, d-dass ...« Sie strengte sich mächtig an, denn sie wollte die Neuigkeit unbedingt loswerden. Aber sie fühlte sich immer noch so furchtbar erschrocken.

»Scht!«, machte Meili. »Erst mal trocken werden und beruhigen.«

Flopson wollte sich aber nicht beruhigen. »I-ich b-bin da schon m-mal reingefallen. In dieses W-Wasser. D-diesen muffigen Gestank vergisst man n-nicht.«

»Bestimmt bildest du dir das nur ein«, sagte Meili. »Wie kannst du denn beim Löwen schon mal reingefallen sein, das geht doch gar nicht.«

Flopson zitterte noch immer. »Doch! Frau Hu-Hu-Huppenschuh hat gesagt, dass sie m-m-mich schon mal aus dem Wasser gezogen hat.«

Meili starrte Flopson an. »Aber ... wenn du hier schon mal reingefallen bist, dann ...«

Jack unterbrach sie. »Wenn Frau Huppenschuh dich schon mal hier rausgezogen hat, dann ...«

»Dann kommst du ja aus dem Tierpark«, wieherte Fridolin aufgeregt.

Nun riefen alle Tiere durcheinander. War das möglich? Stammte Flopson aus dem Tierpark?

»Der Löwe hat doch gesagt, dass er dich wiedererkennt. Weil er Futter nie vergisst«, sagte Jack.

»Ich bin wohl als Baby weggelaufen und beim Löwen ins Wasser gefallen«, überlegte Flopson. »Und Frau Huppenschuh hat mich mit in ihre Wohnung genommen. Da muss ich sehr klein gewesen sein, denn ich erinnere mich nicht mehr an die anderen Katzenbären.«

»Du warst also als Baby schon sehr mutig und neugierig«, sagte Fridolin und stupste Flopson liebevoll an.

Flopson riss die Augen auf. »Aber dann sind die Katzenbären ja meine Familie.«

»Vielleicht ist sogar deine Mama dabei!«, rief Jack.

»Oh!« Flopson hatte nie gewusst, woher sie kam. Sie hatte nicht erwartet, jemals ihre Familie zu treffen. Ihre Eltern! »Was soll ich denn jetzt machen?«, fragte sie.

»Ganz einfach: Du gehst zu den Katzenbären und sagst Hallo«, fand Meili.

NIEMAND IST SAUER AUF EIN BABY!

»Was?«, keuchte Flopson. »Nein! Wir befragen lieber erst die Affen. Da fehlt schließlich auch einer.«

Sie war viel zu aufgeregt, um mit den Katzenbären zu reden. Was, wenn sie dort wirklich ihre Familie traf? Das wäre bestimmt ein sehr seltsames Gefühl, denn sie kannten sich ja gar nicht. Und die anderen Katzenbären wussten auch nicht, wer Flopson war. Sie brauchte Zeit. Sie musste sich erst mal an den Gedanken gewöhnen, dass sie vielleicht eine Familie hatte.

»Wenn meine Familie hier wäre, würde ich sofort losgaloppieren«, sagte Fridolin. »Nichts könnte mich abhalten, nicht mal ein Riesenschupp.«

Meili legte Flopson einen Flügel auf den Rücken. »Ich glaube, Flopson traut sich nicht.«

»Hä? Was? Nein!«, rief Flopson. Sie wollte erklären, warum sie jetzt im Moment keine Zeit hatten.

Aber dann dachte sie, dass Meili, Jack und Fridolin ihre Freunde waren. Und dass sie ihnen ruhig erzählen konnte, wie es ihr wirklich ging. »Ja, stimmt. Ich traue mich nicht. Ich kann mich gar nicht an sie erinnern. Als ich weggelaufen bin, haben sie sich bestimmt Sorgen gemacht. Vielleicht … sind sie sauer auf mich?«, sagte sie kleinlaut und blickte die anderen schräg von der Seite an. »Weil ich nicht mehr zurückgekommen bin.«

»Aber du warst doch noch ein Baby. Und Babys dürfen alles. Weil sie es nicht mit Absicht machen«, sagte Fridolin sehr entschlossen. »Niemand ist sauer auf ein Baby.«

»Prima!«, rief Jack und klatschte seine kleinen Pfoten zusammen. »Dann auf zu den Katzenbären!«

»Ja, ja!«, rief Fridolin. »Ich liebe Familienbesuch!«

Flopson wollte Nein sagen, aber das half ihr wenig, denn das Pony hatte sie bereits mit seiner weichen Schnauze geschnappt und auf seinen Rücken gesetzt.

Es war später Nachmittag, und einige Besucher trödelten über die Wege. Ab ging der Ritt durch den Tierpark, vorbei an einem Opa, der einen kleinen Jungen auf den Schultern trug und mit ihm die Giraffen bestaunte. Also, jedenfalls bestaunte der Opa die Giraffen. Der Junge drehte sich nach Frido-

lin um und bestaunte die Polizeitruppe. Was man im Tierpark alles zu sehen bekam! Ein Falabella, das einen Hamster, eine Blaumeise und eine Katzenbärin auf dem Rücken herumtrug.

»Da!«, rief der Kleine. »Da!«

»Ja, das sind Giraffen«, sagte sein Opa fröhlich.

»Giraffen?«, wunderte sich der Junge.

Fridolin tobte weiter, und Flopson wurde auf seinem Rücken herumgeschüttelt. Sie betrachtete den Park jetzt mit ganz anderen Augen. Mit fremden Augen, würde Fridolin sagen. Das hier war ihr Zuhause? Es war ein wohliges Gefühl. Hier kam sie her. Es war so, als ob immer der Anfang einer Geschichte gefehlt hatte. Der Anfang ihrer eigenen Flopson-Geschichte. Als hätten die ersten Seiten von ihrem Buch gefehlt. Und jetzt waren sie wieder da.

Aber sie hatte auch ein bisschen Angst. Was, wenn es doch nicht ihre Familie war? Dann wäre sie sehr enttäuscht und traurig. Und was, *wenn* es ihre Familie war? Bei dem Gedanken bekam Flopson solches Herzklopfen, dass sie sich erst den Hamster schnappte und dann Meili und ihre beiden Freunde ganz fest drückte.

»Autsch!«, brachte Jack hervor. »Was soll das denn jetzt?«

»Ich bin so schrecklich aufgeregt!«, erklärte Flopson. »Weil ich gar nicht weiß, was als Nächstes passieren wird. Hach, bin ich nervös!«

Als sie am Katzenbären-Gehege ankamen, rannte Fridolin einfach vorbei.

»Stopp! Klein-Pferd, wir sind da!«, schimpfte Jack.

»Ja, aber ...« Fridolin keuchte. »Ich habe so schrecklichen Hunger.« Er zeigte auf ein herren- und vor allem ponyloses Brötchen, das im Gebüsch lag.

Meili verdrehte die Augen. »Pony, du bist so verfressen.«

Fridolin nickte stolz. »Weiß ich.«

Flopson lächelte. Sie rutschte vom Pferderücken, half Jack auf den Boden und tätschelte das Bein des Ponys. »Na los, hol das Brötchen.«

»Aber ihr müsst warten! Ich will nicht den großen Familien-Knuddel-Moment verpassen«, sagte das Pony. Nicht mal eine Minute später stand es laut kauend wieder neben Flopson.

Mit kräftig klopfendem Herzen starrte die Katzenbärin auf das Gehege. Die Bambusbüsche wehten ruhig im Wind und raschelten leise. Ein Seil baumelte von einem Ast. Eine lange Schwingbrücke schaukelte leer vor sich hin. In der Mitte stand ein flaches Holzhaus. Die Tür war geschlossen – warum eigentlich?

»Hier bist du also geboren«, stellte Fridolin feierlich fest. Na ja – so feierlich es eben geht, wenn man gerade ein hartes Brötchen kaut.

»Ich glaube schon«, sagte Flopson leise.

Meili setzte sich auf ihre Schulter und legte ihr einen Flügel um den Hals. »Erkennst du es wieder?«, fragte sie.

»Nein, eigentlich nicht. Aber es fühlt sich vertraut an. Ich erkenne den Geruch. Und ich weiß, wie das Haus von innen aussieht.«

Nur Katzenbären waren nicht zu sehen. Darüber war Flopson ein bisschen enttäuscht. Doch dann entdeckte sie an der länglichen Scheibe, die im oberen Teil des Holzhauses verlief, ein paar Ohren. Schon kam ein Gesicht dazu.

»Koko!« Flopson freute sich sehr, die kleine Katzenbärin zu sehen. Koko winkte wild, und Flopson winkte zurück.

Jetzt zeigten sich weitere Ohren hinter der Scheibe und dazu Gesichter. Es war ein ziemliches Gerempel. Offenbar mussten die Katzenbären aufeinanderklettern, um aus dem Fenster sehen zu können. Flopson betrachtete die Gesichter so genau, wie es ging.

»Erkennst du jemanden?«, fragte Fridolin.

»Ich weiß nicht. Nein, glaube nicht«, sagte Flopson. »Aber es ist schwer zu sagen, weil ich immer nur ein Stück von ihnen sehe. Ich müsste ihre Stimmen hören. Und an ihnen riechen.«

Für einen Moment drückte sich ein etwas älterer Katzenbär gegen die Scheibe. Er wollte winken, plumpste aber runter und verschwand. Stattdessen tauchte Koko wieder auf. Sie grinste Flopson an.

Nun hörten sie den kleinen, offenen Wagen heranknattern, mit dem die Tierpfleger durch den Park fuhren. Sofort sprangen alle vier in ein Gebüsch neben dem Gehege. Hatte er sie gesehen?

Tierpfleger Kurt fuhr an ihnen vorbei und stoppte

den Wagen. Er war ein großer Mann mit einem freundlichen Gesicht. Sein halblanges Haar steckte unter einer Mütze. Er verschwand hinter dem Haus und kam mit einer Schubkarre zurück. Vom hinteren Teil seines Wagens wuchtete er lange Bambuszweige auf die Schubkarre. »Was die wegfuttern, die kleinen Racker!«, murmelte er vor sich hin.

Fridolin schob Flopson aus dem Gebüsch. »Auf geht's, zu deinen Leuten!«, sagte das Pony.

»Das Haus ist doch zu«, sagte Flopson.

Aber die anderen drei schienen einen Plan für sie zu haben.

»Versteck dich unter dem Bambus«, sagte Meili.

»Ich lenke den Tierpfleger ab«, rief Jack. Und schon war der Hamster aus dem Gebüsch gestürmt. Er flitzte um die Beine des Pflegers.

Der bückte sich. »Na, du kleiner Frechdachs? Was machst du denn hier? Hat dich jemand ausgesetzt? Du weißt wohl, dass Fütterung ist, hm? Mal sehen, was haben wir denn hier für dich ...« Er kramte in seinem Wagen und holte ein paar Leckerli hervor, die er Jack hinlegte. »Bitte schön«, sagte Kurt.

»Danke, aber das ist gar nicht mein Ding«, gab Jack in Tiersprache zurück.

»Prima!«, sagte Kurt. »Dann lass es dir schmecken.«

Freundlich sah er zu, wie Jack an dem Leckerli herummäkelte.

Fridolin und Meili machten Flopson Zeichen. In diesem Moment beschloss Flopson, ihre Angst zu vergessen. Egal, was sie dort drinnen erwartete – sie musste wissen, ob die Katzenbären in diesem Haus ihre Familie waren. Sie schnellte aus dem Gebüsch und sprang mit einem kräftigen Satz in die Schubkarre.

Dort deckte sie sich mit dem langen Bambus zu. Oh! Wie gut das duftete. Das war der feinste, nein, der allerfeinste Duft, der je in ihre empfindliche Nase gestiegen war. Bambus also? Am liebsten hätte sie sofort hineingebi... Oh! Sie *hatte* ja längst hineingebissen. Mmh! Welch Köstlichkeit! Wie hatte sie bloß ein ganzes Leben ohne diesen göttlichen Bambus ausgehalten? Er schmeckte nach Sonne und Kraft und nach grünen Bergen. Flopson kaute mit solchem Genuss, dass sie für einen Moment sogar die anderen Katzenbären vergaß. Ja, Bambus war das wahre Leben!

Während Pfleger Kurt die Schubkarre schob, setzte sich Meili auf den Bambus. »Wenn es Probleme gibt, machst du mir ein Zeichen. Ich gucke von draußen ins Fenster«, zwitscherte sie.

»Danke, wird schon alles gut gehen«, sagte Flopson kauend, aber ganz sicher war sie sich da auch nicht.

Schon schob Kurt die Schubkarre in das Holzhaus. Flopson linste unter dem Bambus hervor und sah sich um. Es gab drei Räume. Zwei kleine Räume gingen nach hinten raus. Und der Raum mit den schmalen Fenstern zeigte nach vorn zum Gehege. Dort saßen vier Katzenbären! Sie hatten sich allesamt oben auf einem langen Brett verkrochen und guckten runter auf Pfleger Kurt. Als er den Raum verließ, sprangen die Katzenbären von ihrem Brett auf den Boden und zogen am Bambus.

Flopson kam unter den Pflanzen hervor und kletterte aus der Schubkarre. Die anderen sahen auf und hielten mitten im Kauen inne. »Jasmin ist wieder da!«, rief der ältere Katzenbär.

BIST DU JETZT HIER ODER DA?

»Jasmin? Nein«, sagte Flopson.

Der älteste Katzenbär warf ihr einen nachdenklichen Blick zu.

»Endlich!«, rief Koko. Sie rannte auf Flopson zu und sprang auf ihren Rücken. »Wo warst du denn so lange? Warum hat das so ewig gedauert?«, fragte sie. »Ich habe gewartet.«

»Wir haben im Tierpark ermittelt«, gab Flopson keuchend zurück, denn Koko war ziemlich schwer.

»Ich bin leider zu spät zur Fütterung gekommen. Alle waren schon ganz aufgeregt«, erzählte Koko. »Kurt hat ein riesiges Theater gemacht.« Sie kicherte. »Sogar die Feuerwehr war da. Alles nur, weil ich verschwunden war. Und dann ...«

»Moment mal.« Das war der ältere Katzenbär. »Koko, bevor du wieder endlos lange quasselst, könntest du uns erst mal vorstellen.«

Flopson merkte, dass die anderen Katzenbären neugierig um sie herumtapsten.

»Das ist Flopson von der Tierpolizei«, sagte Koko.

»Ich habe zusammen mit drei Freunden ein Polizeibüro in der ...«, setzte Flopson an. Aber der ältere Katzenbär unterbrach sie lachend. »Das wissen wir alles. Koko redet von nichts anderem.«

»Und das sind *meine* Leute«, sagte die Kleine und zeigte auf die drei Katzenbären.

Der ältere Katzenbär räusperte sich und blickte Koko streng an.

»Ja, na gut. Also, das ist Gilgamesch, mein Opa. Das sind Zeus und Hera, sie sind noch ziemlich neu hier. Sie kommen aus einem Zoo in England.«

»Hallo!«, sagte Flopson schüchtern.

»Du siehst aus wie Jasmin«, sagte Gilgamesch. »Seltsam.« Er strich um Flopson herum und schnupperte an ihrem Nacken. »M-hm«, murmelte er. »Du riechst vertraut.«

»Jasmin ist meine Mama«, plapperte Koko. »Aber sie ist weg. Deshalb haben die anderen Tiere gesagt, dass ich euch holen soll. Weil ich doch manchmal heimlich aus dem Gehege abhaue und durch den Tierpark spaziere. Ich hab nämlich ein Schlupfloch im Garten. Erst war der Affe weg, dann das Nashorn und dann noch meine Mama.«

Jasmin war die Mutter von Koko? Die Gedanken rasten durch Flopsons Kopf. Dann war Jasmin wohl auch ihre Mama? Immerhin schienen sie sich sehr ähnlich zu sehen. Dann wäre Gilgamesch ihr Opa. Und Koko ... ihre Schwester?!

Koko leckte Flopsons Gesicht ab. Hu! Was sollte denn das? Machten Katzenbären das so? Es fühlte sich zwar gut an, aber auch etwas merkwürdig. Und vor allem total ungewohnt. Flopson kannte das Leben mit anderen Katzenbären schließlich nicht. Jack oder Fridolin leckten nie ihr Gesicht ab, und das war auch besser so.

»Hey! Was machst du denn hier?«, fragte der Tierpfleger, der plötzlich hinter ihnen stand und Flopson entdeckt hatte. Er kam auf sie zu. »Jasmin?! Das kann doch nicht sein. Du bist ... also, ich verstehe das nicht. Du sollst doch ein paar Tage in ein anderes Gehege. Weil eine Forscherin kommt, die dich beobachten will. Und jetzt sitzt du gemütlich hier und futterst?«

Die Katzenbären sahen sich an. Koko machte einen wilden Luftsprung. »Mama geht es gut! Der Riesenschupp hat sie gar nicht erwischt!«

Auch Flopson war sehr erleichtert, denn sie wollte Jasmin unbedingt kennenlernen.

»Dann hat der Riesenschupp weder das Nashorn geraubt noch Jasmin«, stellte Flopson fest.

Opa Gilgamesch runzelte sein Fellgesicht. »Ich sag euch mal was: Ich habe diesen Riesenschupp noch nie gesehen. Und ich glaube nur Dinge, die ich selbst gesehen habe.«

Das war ziemlich klug von ihm, fand Flopson.

Pfleger Kurt telefonierte inzwischen mit Mandy. Er war aufgebracht und schimpfte sogar ein bisschen mit seiner Kollegin. »Jetzt rate mal, wer hier ist. Jasmin! – Ich verstehe das einfach nicht. Erst haut Koko ab. Vorhin ist Jasmin weggelaufen und saß gemütlich beim Nashorn. Dann war sie wieder in ihrem Gehege. Hab ich selbst gesehen. Und jetzt ist sie schon wieder weg. Ich glaube, du hast Jasmin ausbüxen lassen. Machst du das Gehege nicht richtig zu, oder was? Du hast Glück, dass sie frischen Bambus liebt und sich in der Schubkarre versteckt hat. Sonst wäre jetzt noch eine Katzenbärin weg! Eine verschwundene Katzenbärin reicht mir. Wenn noch mal eine weg ist, verlieren wir beide unseren Job.«

Als Pfleger Kurt aufgelegt hatte, versuchte er, Flopson wieder in die Schubkarre zu locken. »Komm schon, Jasmin. Die Forscherin wartet auf dich. Sie ist nett.«

»Ich bin nicht Jasmin«, sagte Flopson. »Du hast umsonst mit Mandy geschimpft.«

Kurt verstand das natürlich nicht. »Ja, ich weiß, du willst bei den anderen bleiben. Du kannst ja bald zurück.« Während Kurt weitersprach, sprang Flopson zusammen mit den anderen Katzenbären auf das Brett. Dort oben kam Kurt nur ran, wenn er auf eine Leiter kletterte. Aber als er oben ankam, war Flopson längst wieder runtergesprungen.

»Ach nee, Jasmin, jetzt mach nicht solches Theater.«

»Ich bin Flopson. Das solltest du doch merken, du siehst Jasmin jeden Tag«, sagte Flopson.

»Es ist wirklich schwer, euch auseinanderzuhalten«, sagte Gilgamesch.

Kurt schien aufzugeben, jedenfalls ging er in den

hinteren Raum und räumte dort herum. Endlich hatte Flopson einen Moment Pause von dem lieben, aber etwas anstrengenden Pfleger. Und dann stellte sie die Frage, die ihr die ganze Zeit durch den Kopf ging: »Was hat Kurt gerade gemeint? Fehlt bei euch eine Katzenbärin?«

»Weißt du doch. Meine Mama«, sagte Koko. »Aber zum Glück ist sie ja gar nicht weg. Zum Glück ist sie nur bei der Forscherin.«

»Ich meine, fehlt noch eine andere Katzenbärin?«, hakte Flopson nach.

»Ich war weg. Aber nur, weil ich euch holen wollte«, sagte Koko.

»Und ... fehlt noch eine Katzenbärin?«, fragte Flopson weiter.

»Noch eine dritte?«, rief Koko.

Gilgamesch strich um Flopson herum. »Was genau meinst du?«, fragte er.

Jetzt hätte Flopson erklären können, dass sie auch aus dem Tierpark stammte. Und dass Gilgamesch, Jasmin und Koko wahrscheinlich ihre Familie waren. Aber sie traute sich nicht. Plötzlich kam ihr dieser Gedanke dumm vor. Vielleicht gab es eine ganz andere Erklärung dafür, dass Frau Huppenschuh sie als Baby aus dem Graben des Löwen gefischt hatte?

»Ich frage nur so. Ob schon mal einer verschwunden ist«, behauptete sie.

»Nee«, sagte Koko sehr entschieden.

»Na ja«, sagte Gilgamesch und sah sie an. »Es gab da mal einen Fall, aber das ist schon lange her. Koko war noch gar nicht geboren. Und da …«

Alle lauschten gespannt, vor allem Flopson hatte die Ohren spitz aufgestellt. Doch in diesem Moment betrat Kurt den Raum. Am linken Fuß trug er einen großen, plüschigen Hausschuh. »Guck mal, Jasmin, was ich für dich habe. Dein Spielzeug. Deinen Lieblingsschuh.«

Flopson sah Gilgamesch fragend an. »Was soll das denn jetzt?«, fragte sie.

»Das ist der Hausschuh von Kurt. Jasmin liebt es, damit zu spielen«, erklärte er.

Flopson betrachtete den Hausschuh. Er hatte die Form einer Tierpfote, bestand aus blauem Teddyfell und hatte fünf Zehen mit Krallen. Wie die Tatze eines Drachen oder eines anderen großen Kuscheltiers.

»Der andere Schuh fehlt leider«, sagte Kurt. »Ich habe ihn schon überall gesucht, aber er ist einfach weg. Na, zum Spielen reicht ja einer.« Dann fuchtelte er mit seinem Hausschuhfuß vor Flopsons Gesicht herum. Ein stechender Geruch stieg Flopson in die Nase. Er erinnerte sie an die Hausschuhe von Frau Huppenschuh.

Sie sprang zur Seite. »Diesen Menschen-Hausschuh-Geruch mag ich gar nicht«, rief sie.

»Nanu? Willst du heute gar nicht mit dem Schuh spielen?«, fragte Kurt erstaunt.

»Nein danke!«, rief Flopson. »Hast du schon mal an deinen Schuhen geschnuppert?«

Koko und die anderen Katzenbären lachten.

Als das Handy von Kurt klingelte, wusste Flopson, dass sie ein Problem hatte.

»Was? Jasmin ist noch in der Box? Sie spielt mit der Forscherin? Aber ...« Ganz langsam drehte sich Kurt zu Flopson um. »Es gibt Dinge, die gibt's gar nicht«, stellte er fest, kniete sich hin und starrte Flopson an. »So, Jasmin, jetzt musst du mir mal erklären, was hier los ist. Wieso bist du gleichzeitig hier und bei Mandy?«, wunderte er sich. »Du musst zugeben, dass das gar nicht geht. Bist du jetzt hier oder da? Was rede ich eigentlich für einen Quatsch?« Der Arme sah ziemlich verwirrt aus.

Jetzt hieß es, schnell zu sein. Sehr schnell. Bevor Kurt verstand, dass sie gar nicht Jasmin war. »Ich muss leider los«, rief Flopson den anderen Katzenbären zu.

»Kommst du wieder?«, fragte Gilgamesch. »Ich glaube, Jasmin würde sich sehr freuen, wenn ...«

»Ja! Versprochen! Ich komme wieder«, rief Flopson. Sie suchte nach einem Ausweg. Die Tür war zu. Das Dach? Das Fenster? Ein Glück! Dort saß Meili und beobachtete sie. Flopson winkte ihr hektisch zu. Schon versuchte Kurt, sie zu packen. Sie sprang zur Seite. »Könnt ihr den guten Kurt kurz ablenken?«, fragte sie.

»Ja! Wir helfen der Tierpolizei!«, rief Koko begeistert. Sie machte einen Sprung auf Pfleger Kurt zu und kletterte an seiner Hose hoch.

»Na, sage mal. Was machst du denn heute, hm?«, rief der verblüffte Kurt aus.

Gilgamesch war bereits dabei, am anderen Hosenbein von Kurt zu ziehen. Der Pfleger lachte und ging zu Boden. »Wollt ihr raufen? Das habe ich ja noch nie erlebt ...«

An der Tür hörte Flopson ein Klappern. Die Hufe vom besten Pony der Welt! Sie rannte los. Und wirklich – die Tür öffnete sich einen Spaltbreit. Ein Huf war zu sehen, dann stemmte Fridolin die Tür auf. Flopson flitzte hindurch. »Weg hier! Schnell!«, rief sie.

DANKE FÜRS SCHLECHTWERDEN

Sie rannten und rannten. Flopson wusste nicht, ob Pfleger Kurt ihnen folgte, aber sie wagte auch nicht, sich umzudrehen. Einfach weiter. »Ich fürchte, dass ein paar Pfleger jetzt nach mir suchen«, rief sie den anderen zu.

»Erst mal verstecken«, sagte Meili. Sie flatterte voraus und führte ihre Kollegen zurück zu dem Schild mit der Karte, hinter dem sie sich vorher schon versteckt hatten.

»Wie war es bei deiner Familie?«, fragte Fridolin. »Ich wär so gern dabei gewesen. Das war bestimmt schön«, schwärmte das Pony und umarmte die anderen drei. »Familiendrücker!«, rief es.

Flopson musste lächeln. »Ja, es war schön. Aber ich weiß immer noch nicht, ob es meine Familie ist.«

Das Pony starrte Flopson an. »Was? Du hast das Wichtigste vergessen? Also hör mal!«

Flopson war nun etwas verlegen. »Aber dafür bin ich mit unserem Fall weitergekommen. Jasmin ist gar nicht weg.«

Fridolin machte einen lustigen Hopser. »Erst mal futtern auf den Schreck«, rief er und trabte eine Runde um das Schild herum. Als er zurückkam, steckte eine bunte Tüte auf seiner Schnauze. »Mpf-mpf?«, machte er, was heißen sollte: »Wollt ihr auch?« Aber niemand außer ihm hatte Hunger.

Flopson erzählte den anderen, dass der Riesenschupp Jasmin gar nicht geholt hatte, sondern dass sie bei einer Forscherin in einem extra Gehege war. Vor lauter Aufregung kaute Fridolin sehr laut.

»Jetzt fehlt eigentlich nur noch ein Affe«, stellte Jack fest.

»Dann müssen wir wohl als Nächstes zu den Affen gehen«, sagte Meili.

Damit waren alle einverstanden. Alle außer Fridolin. »Leute?«, keuchte er. »Mir ist schlecht.«

»Was futterst du eigentlich schon wieder?«, fragte Meili streng. Fassungslos drehte sie die bunte Tüte um. Leer. »Pony! Du hast ja alles aufgefressen«, schimpfte die Blaumeise.

»Weiß ich«, sagte Fridolin. »Und jetzt geht es mir wirklich übel.« Das Pony legte sich hin, was selten passierte. »Mir geht es so … schlimm.«

»Wo hast du die Tüte überhaupt her?«, fragte Flopson.

»Gefunden. Sie lag auf dem Weg. Vorm Schild«, jammerte Fridolin.

»Du kannst nicht einfach alles futtern, was du findest«, sagte Meili.

»Warum nicht?«, brachte Fridolin hervor.

»Weil man gar nicht weiß, was es ist«, sagte die Blaumeise.

»Doch, weiß ich. Es waren Schokolinsen. Und sie sahen so lecker und bunt aus«, sagte Fridolin.

Erschrocken blickte Flopson die anderen an. »Schokolinsen? Wie bei den Flamingos!«

Das Pony riss die Augen auf. »Meinst du, ich habe vergiftete Schokolinsen gefuttert?«, fragte es ängst-

lich. »Ja, genau so fühlt es sich an. Als ob sie vergiftet waren. Ich bin hin. Wie Flamingo Riko. Es ist aus mit mir.«

Nun machten sich die anderen drei fürchterliche Sorgen um ihr Pony. Was sollten sie tun? Meili kraulte Fridolins Nacken. Jack untersuchte mit der Lupe die Tüte, konnte aber nichts Besonderes entdecken. Flopson schlich um das Schild herum und suchte nach Spuren des Riesenschupps. Sie überlegte. Warum sollte er vergiftete Schokolinsen hier hinlegen? Mitten auf den Weg?

»Eins kann ich schon mal sagen.« Jack guckte von den Schokolinsen hoch. »Das ist eine andere Sorte als die von den Flamingos.«

»Flopson!«, rief Meili plötzlich. »Schnell weg!«

Die Katzenbärin drehte sich um. Hinter ihr kam ein Vater, der seine Tochter im Bollerwagen zog. Die Kleine weinte. Der Vater blickte freundlich, aber ein wenig gestresst drein. Er hielt den Kopf gesenkt, als würde er etwas suchen. Schnell sprang Flopson hinter das Schild. Alle vier Tiere standen wie erstarrt, doch ihre Füße guckten unter dem Schild hervor. Hoffentlich entdeckte der Vater sie nicht!

»Wo hast du sie denn genau verloren?«, fragte er gerade.

»Weiß ich nicht!«, rief die Kleine.

»Aber eben hattest du sie doch noch in der Hand«, sagte der Vater.

»Ich will Schokolinsen!«, brüllte die Tochter.

»Dann kauf ich dir neue. Ist doch nicht schlimm.«

Der Wind erfasste die leere Tüte und wehte sie unter dem Schild hervor genau zu den Füßen des Vaters.

»Da sind sie ja!«, rief er erleichtert. Dann stellte er allerdings fest, dass die Tüte leer war. »Wie bitte? Du hast die ganze Tüte aufgefuttert? Na, hör mal! Das ist viel zu viel Zucker! Also nein, jetzt kaufe ich dir keine neuen mehr!«

Er warf die Tüte in den Müll und zog den Bollerwagen weiter. Die Kleine brüllte jetzt noch lauter, und das war mehr als verständlich. Sie hatte die Schokolinsen ja gar nicht gegessen.

»Die Arme«, sagte Flopson. Aber sie war trotzdem froh. Sie blickte die anderen an. »Mit diesen Schokolinsen hatte der Riesenschupp gar nichts zu tun.«

Die Blaumeise stutzte. »Aber dann waren sie ja auch nicht vergiftet. Und trotzdem ist unserem Pony schlecht davon geworden.«

»Wenn das keine gute Nachricht ist!«, rief Flopson.

»Dass mir schlecht ist, soll eine gute Nachricht sein?«, fragte das Pony empört.

»Wisst ihr, was ich glaube?«, fragte Flopson.

»Dass ich nie wieder Schokolinsen anrühre?«, fragte Fridolin. »Da hast du recht.«

»Nein, das glaube ich nicht.« Flopson musste ein bisschen lachen.

Meili flatterte auf. »Die Flamingos!«, rief sie. Auch bei Jack machte es *Klick*, und er verstand Flopson.

Nur Fridolin nicht. »Die Flamingos haben meine Schokolinsen vergiftet?«

»Nein!«, rief Flopson. »Riko war doch auch so schlecht, nachdem er die Schokolinsen gegessen hatte.« Sie lief hinter dem Schild auf und ab. »Aber vielleicht waren die Schokolinsen auch nicht vergiftet.« Nun lugte Flopson hinter dem Schild hervor. »Leute, wir gehen noch mal zu den Flamingos.«

Fridolin kam auf die Beine. »Mir geht's ein kleines bisschen besser«, keuchte er und trabte langsam los.

Als sie auf die große Rasenfläche zuliefen, auf der die Flamingos lebten, entdeckte Flopson am Wegesrand eine Tafel. Ihre Augen huschten über das Wort FÜTTERN. Sie stoppte, kletterte auf einen Baum und wagte sich einen Ast entlang, bis sie dicht über der Tafel war.

»Hört mal, was hier steht!«, rief sie, dann las sie vor: »Bitte füttern Sie die Tiere nicht. Sie vertragen unser Menschenessen nicht und können davon krank werden.«

»Stimmt!«, rief Meili. »Wenn ich Brötchen knabbere, bekomme ich Bauchschmerzen.«

»Ich esse überhaupt kein Menschenfutter«, sagte Flopson. »Das vertrage ich gar nicht. Am schlimmsten ist bei mir Zucker, da wird mir richtig schlecht.«

»Kein Tier verträgt Zucker«, sagte Jack.

»Ponys schon«, sagte Fridolin und hielt sich dann wieder den Bauch.

»Na ja«, sagte Jack.

Fridolin lächelte. »Dann war es ja Polizeiarbeit, dass ich die Schokolinsen gefuttert habe. Weil wir dabei was rausgefunden haben. Ich habe mir den Magen für die Wahrheit verdorben.«

Jack war mit dieser Art der Polizeiarbeit unzufrieden, aber Flopson streichelte das Bein des Ponys. »Ja, genau. Danke fürs Schlechtwerden. Das hat uns sehr geholfen.«

Als sie bei den Flamingos ankamen, lag Riko noch immer krank auf dem Rasen. Die anderen Flamingos standen, jeweils auf nur einem Bein, um ihn herum und redeten ihm gut zu oder sangen ihm Lieder vor.

»Hallo!«, rief Flopson vom Zaun aus.

Alle Flamingos drehten sich gleichzeitig zu ihr um. »Und?«, fragte Ingo, der älteste Flamingo. »Habt ihr den Riesenschupp eingefangen?«

»Noch nicht«, sagte Flopson. »Aber wir sind ihm dicht auf der Spur.«

»Wir haben gute Nachrichten. Riko wurde gar nicht vergiftet«, erklärte Meili.

»Was?« Die Flamingo-Frau, die ihren Mann nicht

erkannt hatte, kam ganz dicht an den Zaun heran. »Woher wollt ihr das wissen?«

»Unser Pony hat auch Schokolinsen gefuttert«, sagte Jack.

»Und?«, fragte Riko. »Lebt es noch?«

Und dann stellten seine Artgenossen die gleiche Frage.

»Ja, ich lebe noch«, sagte Fridolin. »Mir ist nur entsetzlich übel geworden.«

»Werfen die Menschen oft Essen über euren Zaun?«, fragte Flopson.

»Ja«, sagte Ingo. »Laufend. Meistens sind es blasse Sachen, Kuchen oder Brötchen, so was essen wir nicht. Aber wenn es mal was Buntes gibt, dann sind alle ganz wild drauf.«

»Ich bin gar nicht vergiftet?« Riko hob erstaunt den Kopf. Dann sprang er auf. »Ich bin gesund! Ich habe gar nichts!« Auf einem Bein hüpfte er herum und umarmte die anderen Flamingos. Er rannte zum Zaun, um sich über die restlichen Schokolinsen herzumachen.

»Stopp!«, rief Meili und flog ihm hinterher. »Ihr dürft keine Schokolinsen mehr essen. Tiere vertragen keinen Zucker.«

Die Flamingos maulten alle gemeinsam, was ziemlich laut war.

»Warum dachtet ihr eigentlich, dass der Riesenschupp euer Essen vergiftet hat?«, fragte Flopson.

»Wer soll es sonst gewesen sein?«, fragte Ingo. »Mark meinte, dass es der Riesenschupp war.«

Flopson und Meili sahen sich an. Schon wieder dieser Mark! Bevor die Flamingos noch mehr Fragen hatten, winkten die Tierpolizisten ihnen schnell und düsten weiter. Sie hatten immerhin noch einen Fall aufzuklären.

»Wir müssen zum Affenhaus!«, verkündete Flopson.

»Und denkt dran: keine Süßigkeiten mehr!«, rief Meili.

»Nur die bunten!«, krächzte Riko.

»Nein, gerade die bunten nicht!«, rief Meili.

DIE ARMEN MENSCHEN!

Kühle Abendstimmung lag über dem Tierpark. Das Licht schien grau und matt, so als ob der Tag selbst ein bisschen müde war. Die vier Tierpolizisten rannten durch den Park.

Als sie beim Affenhaus ankamen, staunten sie. Das Haus war gigantisch! Und um das Haus herum befanden sich Gehege. Die Affen wohnten im Affenhaus, konnten aber auch rausgehen. Gleich im ersten Gehege erstreckte sich ein langes Klettergerüst aus Holz. Da wäre Flopson jetzt auch gern rumgeturnt! Ein paar große Affen saßen auf dem Boden, andere kletterten lässig auf dem Klettergerüst herum. Groß? Sie waren riesig! Und sie wirkten sehr stark und muskulös.

Zu viert beobachteten sie die Affen. Diese nahmen allerdings keine Notiz von ihnen.

»Hallo!«, rief Flopson mutig.

Ein Orang-Utan drehte sich zu ihr um. Sein Fell leuchtete orange, und seine Augen blickten sehr wach auf sie herab. »Was is'?«, fragte er.

»Wir suchen einen kleinen Affen. Er soll verschwunden sein«, erklärte Flopson.

»Tja«, sagte der Orang-Utan lässig. »Wenn er verschwunden is', braucht ihr ihn nicht zu suchen. Dann is' er doch weg.«

»Stimmt.« Flopson lächelte, aber der Affe lächelte nicht zurück. »Wir suchen auch nur jemanden, der ihn kennt. Oder der uns etwas darüber erzählen kann, wie er verschwunden ist.«

»Zeugenbefragung«, warf Jack ein.

»Zeugen wofür?«, fragte nun eine Schimpansen-Dame neugierig. Sie ließ sich mit einem Arm vom Geländer hängen und schwang sich in die Richtung der Tierpolizisten.

»Wir suchen den Riesenschupp«, sagte Meili.

»Wir haben keine Angst vor ihm«, sagte ein junger Gorilla. »Soll er doch kommen. Dann ist wenigstens mal was los hier.«

»Der Riesenschupp war schon längst hier«, sagte Flopson. »Er hat einen Affen mitgenommen.«

»Aber bei uns fehlt keiner«, sagte der Orang-Utan. »Wir sind die Menschenaffen. Drüben sind die ganzen anderen Primaten, da fehlt einer, hab ich gehört.«

»Die sind viel kleiner als wir«, sagte der junge Gorilla.

»Menschenaffen?« Fridolin staunte. »Seid ihr Menschen oder Affen?«

»Wir sind Affen, aber wir stammen vom Menschen ab«, erklärte die Schimpansen-Dame. »Die Menschen waren schon früher auf der Welt, und wir Menschenaffen haben uns dann aus ihnen entwickelt.«

Der Orang-Utan setzte sich neben sie und kraulte sich seinen Bauch. »Menschen sind ja nicht sehr weit entwickelt. Sie können nicht mal auf vier Beinen laufen, sie können nicht klettern, und sie machen ständig die Natur kaputt, weil sie es nicht besser wissen, die Armen. Wir Menschenaffen sind die nächste Stufe der Entwicklung. Wir sind klüger. Sportlicher. Gesünder.« Mit einer Hand schwang er sich über eine lange Stange zu einem Baum. Ja, es sah wirklich sportlich aus.

Zwei andere Menschenaffen ließen sich gekonnt von einem Ast baumeln und aßen dabei noch Salat.

»Menschen müssen sogar Bücher schreiben, weil sie sich nichts merken können«, sagte der Gorilla. »Und sie brauchen Autos, weil sie nicht stark genug zum Laufen sind.«

»Das Fell fehlt ihnen auch. Deshalb müssen sie

immer Sachen anziehen, weil sie sonst frieren«, erklärte der sehr behaarte Orang-Utan.

»Die Tiersprache verstehen sie auch nicht«, sagte die Schimpansen-Dame. »Na ja, sie sind eben nicht sehr hoch entwickelt.«

»Und der Riesenschupp?«, fragte Jack ungeduldig.

»Der stammt nicht vom Menschen ab«, sagte der junge Gorilla. »Oder doch?«

Er sah die anderen Menschenaffen an, aber niemand wusste etwas darüber. »Wir haben ihn ja noch nie gesehen. Da müsst ihr schon die kleinen Affen fragen«, sagte der junge Gorilla. »Sie wohnen da ...«

Er wollte ihnen den Weg genau erklären, aber Jack war schon unterwegs. Er hatte seine Lupe in der Hand und wieselte in die Richtung, die die Menschenaffen gezeigt hatten.

»Ich suche jetzt so lange, bis ich eine Spur zum Riesenschupp finde!«, rief der Hamster.

Die kleinen Affen lebten auf einem sehr großen Gelände, das sich vor dem Affenhaus erstreckte. Auf einer Wiese mit Hügeln wuchsen Palmen, dazwischen gab es Kletterzäune und Seile zum Hangeln. Von den Affen war allerdings nichts zu sehen. Wo waren die alle?

»Hallo-o! Affen! Wo seid ihr?«, wieherte Fridolin. Einige Blätter raschelten. Ein Ast wippte. Mehr passierte nicht.

Meili legte ihren Flügel an den Schnabel und nickte den anderen zu. Dann flatterte sie über den Zaun und drehte eine Runde. Kurz darauf kam sie zurück. »Sie sitzen alle zusammen auf den Ästen einer Palme. Dort hinten«, flüsterte sie.

»Ich dachte, dass Affen lustige Tiere sind, die den ganzen Tag klettern und Quatsch machen«, wunderte sich Fridolin. »Warum hocken sie denn in der Ecke?«

»Hallo!«, rief Flopson. »Wir sind von der Tierpolizei, und wir haben ein paar Fragen.«

Nichts.

»Wir haben gehört, dass bei euch einer fehlt!«, rief Jack.

Wieder nichts.

»Wir tun euch nichts!«, rief Flopson. »Wir suchen nur nach dem Riesenschupp!«

Oh, da raschelten die Palmblätter aber mächtig. Doch mehr passierte auch jetzt nicht. Kein einziger Affe ließ sich blicken.

»So wird das nix«, krächzte eine Stimme.

Erschrocken fuhr Flopson herum. Der schöne Mark schritt auf sie zu. Er winkte. »Hallöchen!« Vor dem Gehege mit den Streifenhörnchen, die auf der anderen Seite des Weges wohnten, blieb er stehen und fragte: »Wer ist der Schönste im ganzen Park?«

»Mark!«, riefen die Streifenhörnchen.

Zufrieden stolzierte Mark weiter. »Die kleinen Affen braucht ihr nicht zu befragen. Sie sind total verängstigt. Ist ja auch kein Wunder. Schließlich hat der Riesenschupp einen von ihnen geholt. Er kann Eisen beißen und kommt in jedes Gehege. Kein Zaun ist vor ihm sicher«, posaunte der Pfau.

»Das wissen wir schon«, sagte Meili genervt.

Jack stapfte auf den großen Vogel zu. Im Gesicht des Hamsters war zu sehen, dass er wütend war. »Du erzählst den Tieren Lügen!«, rief er.

Schnell klappte Mark sein Federrad auf. Jack stoppte, denn das große Rad aus Federn wirkte bedrohlich. Als hätte es viele Augen, die nun auf den Hamster herunterstarrten. Der Pfau reckte den Kopf. »Was ist los mit dir, Hämsterchen?«, fragte er. »Was regst du dich so auf?«

»Ich mag es nicht, wenn man lügt. Ich bin schließlich Polizist!«, schimpfte Jack.

»Ts!«, machte Mark nur und drehte eine Runde vor dem Gehege der Affen.

Flopson hatte eine Idee. Wenn die Affen schon nicht mit ihnen reden wollten, dann hörten sie vielleicht wenigstens zu, wenn Mark redete. Sie gesellte sich zu Jack. »Woher weißt du eigentlich, dass der Riesenschupp Eisen beißen kann?«

»Das weiß doch jeder«, sagte Mark. »Das ist bei Riesenschupps so.«

»Aber beweisen kannst du es nicht«, sagte Jack. »Was hat er denn für Zähne?«

»Sei doch nicht so streng, du kleiner Hamster«, sagte Mark. Aha! Über die Eisenbeißerei wusste der Pfau wohl nichts zu sagen.

Flopson drehte den Kopf ganz leicht und sah, dass die Äste der Palme wippten. Eine flauschige Plumplori-Dame krabbelte auf sie zu und lauschte am Zaun. Flopson gab Jack ein Zeichen, denn er hatte das Äffchen ebenfalls entdeckt. Jack nickte. Jetzt schnell die nächste Frage!

»Du hast erzählt, dass der Riesenschupp ein Nashorn geholt hat. Wie war das genau?«, fragte Jack.

Erstaunt drehte sich Fridolin zu ihm um. »Hä? Aber Jäckili, wir ...«

Jack versetzte ihm einen Patscher mit der Lupe, bevor er alles ausplaudern konnte. Das Pony hatte immer noch ein großes Fragezeichen im Gesicht, aber immerhin schwieg es.

»Also? Das Nashorn?«, hakte Jack nach.

Mark lächelte, denn er liebte es, wenn er im Mittelpunkt stand und alle ihm lauschten. »Das erzähle ich gern!«, rief er.

Flopson sah hinter sich. Einige Affen kamen aus der Palme geklettert.

»Also ...« Mark stolzierte vor dem Zaun herum. »Das Nashorn Olmoti ist das größte und stärkste Nashorn von allen. Und als alle anderen Nashörner eines Tages beim Futtern waren ...« Mark ließ eine kurze Pause. »... da war Olmoti einfach weg. Und wer hatte ihn geholt?«

»Der Riesenschupp?«, fragte ein kleiner Büschelohrmaki mit zittriger Stimme.

»Ganz genau«, sagte Mark.

Überall hinter dem Zaun wuselten jetzt Äffchen herum. Viele verschiedene Arten. Einige hielten sich an den Händen. Andere hatten etwas zu essen dabei. Eltern trugen kleine Kinder auf dem Rücken oder auf dem Bauch mit sich. Sie hockten sich hinter den Zaun und lauschten mit großen Augen.

Die Tierpolizisten lauschten auch, allerdings nicht so begeistert wie die Affen. Doch das bemerkte Mark nicht, weil er sich selbst so gut fand.

»Und wie genau hat der Riesenschupp das große Nashorn überwältigt?«, fragte Jack.

»Mit Gift«, sagte Mark. »Er kann Gift speien. Und er ist stark. Er hat Schuppen und Krallen.«

»Woher weißt du, dass der Riesenschupp Olmoti geholt hat?«, fragte Meili.

»Das haben mir die Nashörner selbst erzählt«, sagte Mark.

Flopson setzte sich möglichst dicht an den Zaun, damit alle Affen sie hörten. »Und wie kommt es, dass wir Olmoti gefunden haben? Und dass es ihm gut geht? Und dass er den Riesenschupp noch nie gesehen hat?«

Ein Raunen ging durch die Gruppe der Affen. Flopson drehte sich zu ihnen um und erzählte, dass sie Olmoti in einem Gehege gefunden hatten und er

nach Indonesien gebracht werden sollte, um ausgewildert zu werden.

»Sein Verschwinden hat mit dem Riesenschupp gar nichts zu tun«, sagte Meili.

»Die Flamingos wurden auch nicht vergiftet, sie haben nur zu viel Zucker gegessen«, erklärte Fridolin. »Das habe ich selbst rausgefunden. Mit Polizeiarbeit.«

»Und der Löwe hat nicht mit dem Riesenschupp gekämpft. Das hat er sich nur ausgedacht«, sagte Flopson.

Mark lauschte mit verkniffenem Gesicht. Das

Ganze passte ihm gar nicht. Doch den Affen gefiel es umso besser. Sie kauerten jetzt nicht mehr so ängstlich zusammen, sondern hangelten am Zaun oder tobten über die Gerüste.

»Aber bei uns fehlt wirklich ein Affe!«, sagte ein Schwarzweißer Vari. »Heinz fehlt. Den hat sich der Riesenschupp geschnappt.«

DER FUSS DES RIESENSCHUPPS

Die vier Tierpolizisten waren nun ganz Fellohr. Heinz hieß also der Affe, der verschwunden war.

Der Büschelohrmaki fing an zu weinen. »Ich will nicht so enden wie Heinz! Der Riesenschupp soll mich nicht holen!«

»Habt ihr gesehen, wie der Riesenschupp euren Heinz geholt hat?«, fragte Flopson.

Alle Affen blickten sich an. Nein, niemand hatte es gesehen.

»Seit wann ist er weg?«, fragte Meili.

Die Affen zuckten mit den Schultern. »Wissen wir nicht. Oder?«, fragte ein Bambuslemur die anderen.

»Ein Affe verschwindet, und ihr merkt es nicht?« Meili sah entrüstet aus. »Wer von euch ist denn bitte sein Freund?«

»Keiner«, sagte die Plumplori-Dame.

»Er hat keine Freunde? Obwohl ihr so viele Affen seid?«, fragte Jack empört.

Mark stellte sich vor das Gitter und blickte die Affen an. »Jetzt könnt ihr aber auch mal die Wahrheit sagen«, fand er.

Jack sah ihn erstaunt an. »Die Wahrheit? Ich denke, die Wahrheit gibt es gar nicht.«

Mark schnaufte laut über so viel Kleinlichkeit. »Manchmal gibt es sie und manchmal nicht. So!« Er blickte die Affen an. »Und jetzt gibt es eine Wahrheit.«

Die Affen hatten offenbar keine Lust auf diese Wahrheit. Sie baumelten und hangelten und spielten herum. Aber niemand sagte etwas.

»Bitte! Von mir aus. Dann sage ich es eben.« Mark wippte ein wenig mit seinem Federschwanz. »Ihr wart nicht nett zu Heinz. Überhaupt nicht. Ihr habt ihn geärgert.«

Die Plumplori-Dame schaukelte zum Zaun. »Er war der einzige Koboldmaki im Gehege«, sagte sie, als ob das eine Erklärung wäre.

»Und er frisst so komische Sachen!«, rief der Bambuslemur. »Nur Fleisch!«

Die anderen Affen riefen durcheinander und machten klar, dass Affen kein Fleisch zu essen haben, sondern Obst und Gemüse.

»Koboldmakis ernähren sich nur von Insekten und so«, schimpfte der Schwarzweiße Vari.

»Und deshalb hat er keine Freunde?« Meili konnte es nicht fassen.

Keine Freunde? Moment mal. Flopson hatte plötzlich ein seltsames Gefühl. So ein Polizeigefühl. »Wie sieht Heinz aus?«, fragte sie.

Der Büschelohrmaki zeigte auf eine lange Reihe von Schildern, die vor dem Zaun aufgereiht waren. »Da kannst du ihn sehen.«

Flopson sprang zu den Schildern. Sie zeigten alle Affenarten, die hier lebten. Es waren immerhin elf verschiedene. Flopson betrachtete das Bild von Heinz, auf das der Büschelohrmaki vom Gehege aus zeigte. Dieser kleine Koboldmaki – ja, der kam Flopson bekannt vor.

Sie winkte ihre Freunde zu sich heran und zeigte auf das Schild. »Erkennt ihr ihn wieder?«, flüsterte sie.

Meili riss den Schnabel auf. »Das ist der Kleine, der mit der Ratsche und der Tröte im Baum saß! Der solchen Rabatz gemacht hat, dass alle dachten, er sei der Riesenschupp, dabei hatte er einfach nur Angst.«

Flopson nickte. »Und jetzt rate mal, wer das ist.«

Meili verstand sofort. »Heinz?«

»Was?« Fridolin blähte seine Nüstern. »Aber dann ist der kleine Heinz ja gar nicht weg!«, rief er glücklich.

Jack machte ihm wilde Zeichen, und das Pony verstummte.

Ohne Worte blickten die vier sich an. Nun wussten sie ganz genau, dass der Riesenschupp auch den kleinen Heinz nicht geholt hatte. Er war aus dem Gehege weggelaufen, weil die anderen Affen so gemein zu ihm gewesen waren, das hatte er ihnen schließlich selbst erzählt.

Der Schwarzweiße Vari mit dem buschigen Fellkragen seufzte. »Seit Heinz weg ist, haben wir alle

Angst.« Er klammerte sich an seinen Nachbarn. »Weil der Riesenschupp Eisen beißen kann. Er kommt bestimmt nachts und holt noch mehr von uns.«

»Ich frage mich langsam, ob es diesen Riesenschupp überhaupt gibt«, muffelte Jack. »Ich habe noch nicht eine einzige Spur gefunden. Dabei bin ich der beste Spurensucher.«

Mark rannte davon, um die neueste Neuigkeit über die Ermittlungen im Tierpark zu verbreiten: nämlich dass die Tierpolizei noch keine Spur zum Riesenschupp hatte.

Aber die Affen waren ganz still geworden in ihrem Gehege.

Der Büschelohrmaki sprang zum Zaun und setzte sich vor Flopson hin. Nur das Gitter trennte sie noch. »Doch, es gibt den Riesenschupp. Auf jeden Fall«, sagte der kleine Affe. »Wir haben ihn gesehen.«

»Mit euren eigenen Augen?«, fragte Fridolin.

»Hä? Ist doch logisch«, gab der kleine Bambuslemur zurück. »Mit fremden Augen kann man ja wohl nicht sehen.«

»Das sage ich auch immer!«, rief Fridolin.

»Ihr habt ihn wirklich gesehen?«, fragte Meili misstrauisch. »Das haben uns die anderen Tiere auch erzählt, aber dann hat es nie gestimmt.«

Die Plumplori-Dame kam vorn an den Zaun. »Er sitzt immer dahinten«, flüsterte sie. »Hinter unserem Gehege, dort, wo das Gebüsch am dunkelsten ist.«

Nun wollten die Tierpolizisten alles wissen. Ob der Riesenschupp wirklich so groß war. Ob er eine Mähne hatte. Ob er schuppige Haut hatte. Ob er riesige Zähne hatte.

»Er hat rote Augen, die im Dunkeln leuchten«, sagte der Schwarzweiße Vari.

»Er macht ganz schlimme Geräusche«, sagte der Büschelohrmaki.

»Aber er kommt nur raus, wenn es ganz finster ist«, sagte der Bambuslemur.

»Er hat Heinz geholt. Ganz sicher«, fügte die Plumplori-Dame noch an.

»Gibt es Beweise?«, fragte Jack.

»Na klar«, sagte die Plumplori-Dame.

»Was?« Jack riss seine Lupe hoch. »Beweise? Wo? Und warum erfahre ich das erst jetzt?«

»Hat doch keiner gefragt«, sagte der Bambuslemur.

»Ich! Ich frage die ganze Zeit nach Beweisen«, regte sich der Hamster auf. »Los, zeigt her!«

Die Affen sprangen alle miteinander auf und tobten zum hinteren Ende des Geheges. Von dort aus winkten sie hektisch und zeigten auf den seitlichen

Zaun. Die Tierpolizisten rannten draußen entlang. Neben dem Gehege wuchs ein Gebüsch aus Knallerbsen, und die weißen Beeren hingen in dicken Trauben an den zarten Zweigen. Auf der anderen Seite des Gebüschs stand ein Zaun aus Holz. Flopson lugte hindurch. Schubkarren und Spaten standen dort herum, zwei Wagen für die Tierpfleger und eine Menge leerer Futtertöpfe.

»Das ist wohl das Gehege für die Tierpfleger«, überlegte Fridolin.

»Tierpfleger brauchen kein Gehege!«, rief Jack.

»Hier! Kommt hinten durch das Gebüsch!«, rief der Schwarzweiße Vaki.

Also schlüpften die Tierpolizisten in das Dickicht. Weil die Knallerbsen gerade reif waren, purzelten jede Menge zu Boden und knallten, als das Pony drauftrat.

Flopson sah sich um. Es war düster zwischen den Büschen, und sie konnte sich gut vorstellen, dass sich ein großes Tier hier versteckte. Links lag der Zaun zum Affengehege, rechts stand der Holzzaun, der zu den Pflegern führte. Hinten entdeckte Flopson eine Mauer, die wohl zum Affenhaus gehörte. Müll lag herum.

»Wo seid ihr?«, rief Fridolin.

»Wir sind hier hinten!«, rief die Plumplori-Dame.

Flopson entdeckte die Affen. Sie kauerten allesamt am Zaun – und der war an der hintersten Ecke nicht festgemacht. Die Ecke bog sich nach außen, und dadurch entstand ein ziemlich großes Loch. Ja, da würde sogar ein Riesenschupp durchpassen. Am nächsten Tag stand übrigens in der Zeitung, dass vier Affen in der Stadt gesichtet wurden. Aber das ist eine andere Geschichte.

»Seht ihr? Es *kann* Eisen beißen«, sagte der Büschelohrmaki.

»Das ist kein Beweis«, fand Jack. »Das ist ein

kaputter Zaun.« Mit seiner Lupe begutachtete der Hamster die Ecke. »Aha«, sagte er. Und: »So so.« Alle warteten gespannt.

Dann nickte Jack. Er zeigte auf einen Draht, mit dem der Zaun an seitlichen Metallstäben befestigt war. »Seht ihr, hier? Total verrostet. Dieses Loch ist schon sehr lange hier.«

Er reichte Flopson die Lupe, und sie sah sich den Draht an.

Meili ließ die Flügel hängen. »Und ich dachte, wir hätten endlich einen Beweis.«

»Und was ist damit?«, rief die Plumplori-Dame schnippisch. Sie streckte ihren Arm durch den Zaun und zeigte auf den Boden. Flopson brauchte keine Lupe, denn ...

»Das ist ein riesiger Fußabdruck!«, rief sie den anderen zu.

Die Tierpolizisten starrten auf den Fußabdruck, der sich deutlich im Sand abzeichnete. Es schien ein mächtig großer, länglicher Fußballen mit fünf Zehen zu sein, an deren Ende sich Krallen im Sand abzeichneten.

»*Das* ist ein Beweis!«, keuchte Jack.

DAS GROSSE NÖLEN

Alle starrten auf den Fußabdruck.

»Von mir isser nicht«, erklärte der Bambuslemur und drückte seine Pfote in den Sand. Ein winziger Abdruck blieb zurück.

Glücklich sperrte der Hamster die Fläche um den Fußabdruck mit Flatterband ab. Dann wieselte er herum und suchte. Im Gebüsch fand er noch einen zweiten Abdruck, der allerdings nicht so deutlich zu erkennen war.

Der Schwarzweiße Vari sprang ein Stück am Zaun entlang und zeigte auf einen kleinen Baum. »Heinz schläft auf der Palme hier, gleich neben dem Loch im Zaun. Ist doch klar! Da hatte der Riesenschupp leichtes Spiel.«

Die Tierpolizisten sahen sich weiter im Gebüsch um, aber alles, was sie fanden, war entsetzlich viel Müll. Ein Wischmopp mit langen Fransen, Fahrradlampen, eine bunte Jacke und sehr viele Verpackungen von Essen und Getränken.

»Was die Menschen alles wegwerfen.« Meili staunte.

Flopson entdeckte ein Handy, das auf dem Boden lag. Sie schob es schnell unter ein großes Blatt, damit der Hamster das Gerät nicht entdeckte. Jack liebte nämlich Handys und hamsterte jedes, das er fand.

Fridolin hielt den Wischmopp hoch, und die langen Fransen tanzten wild und lustig über seinem Kopf herum. »Guckt mal! Ich bin ein Löwe!«, rief er.

»Also, Pony! Kannst du bitte mal ernst bleiben? Das ist doch keine ordentliche Polizeiarbeit!«, schimpfte Jack.

»Oh, ach so. 'tschuldigung.« Fridolin ließ den Wischmopp fallen und spielte stattdessen mit den Fahrradlampen. Er stellte sie an und leuchtete damit herum.

»Pony!«, schimpfte Jack wieder. »Das gibt's doch nicht! Lass die Sachen liegen und such nach Spuren.«

»Ja, gut, mach ich!«, rief Fridolin. »Meinst du so was hier?«, fragte er.

Jack wuselte zu ihm hinüber. »Ja!«, rief er. »Alle mal herkommen! Fridolin hat noch einen Abdruck gefunden!«

Die vier Tierpolizisten betrachteten den Fußabdruck im Sand. »Diesen Weg ist der Riesenschupp langgelaufen.« Jack tippelte begeistert in die Richtung, in die die Zehen zeigten. »Hier hinten ist noch einer!«, keuchte er glücklich und wedelte mit der Lupe herum.

Irgendetwas an diesen Abdrücken war seltsam. Flopson hatte so ein komisches Gefühl, aber sie kam einfach nicht dahinter, was es war. »Diese Abdrücke ... irgendwas stimmt nicht damit. Findet ihr das auch?«, fragte sie die anderen.

Meili ließ sich zu Boden sinken und setzte sich mitten in einen Fußabdruck. Er war so groß, dass die Blaumeise ganz hineinpasste. »Ich kann dir sagen, was damit nicht stimmt: Diese Abdrücke sind riesig! Und das ist gar nicht gut. Der Riesenschupp scheint gigantisch zu sein.«

Flopson nickte. Natürlich machte sie sich Sorgen wegen der Größe. Aber das war es nicht, was sie meinte. Etwas anderes daran war seltsam. Irgendwie falsch.

»Ist der Fußabdruck jetzt ein Beweis oder nicht?«, fragte Jack unzufrieden.

»Ja!«, sagte Flopson. »Aber der Abdruck beweist nur, dass der Riesenschupp hier war. Und nicht, dass er Heinz geholt hat.«

»Vielleicht ist Heinz vor ihm weggelaufen«, überlegte Meili.

Flopson blickte den Hamster an. »Jack? Jetzt bist du gefragt. Kannst du dir die Abdrücke noch mal genau ansehen?«

»Geht klar, Chefin.« Schon rannte Jack los. »Ihr wartet an der Seite. Ihr verderbt mir nur die Spuren«, rief er eifrig.

Also warteten Flopson, Meili und Fridolin vor dem Gebüsch. Mit der Lupe flitzte Jack herum, betrachtete alle Fußabdrücke erneut, zählte sie und markierte die Stellen mit Flatterband. Dann kam er zurück.

»Ich weiß jetzt, was komisch an den Abdrücken ist«, sagte er und wartete. Der kleine Hamster schien es richtig zu genießen, dass die anderen vor Ungeduld und Neugier fast platzten. Als er ausreichend gewartet hatte, stützte er sich wichtig auf seine Lupe und erklärte: »Sie stammen alle von einem rechten Fuß. Es gibt keinen einzigen linken Abdruck.«

Fridolin ließ seine Zähne aufeinanderklappern. »Der Riesenschupp hat nur ein Bein?«, keuchte er.

»Nein!« Und in diesem Moment verstand Flopson, was los war. »Ich komme gleich wieder. Wartet hier«, sagte sie. Dann sprang sie zwischen die Knallerbsen.

Jack gefiel es nicht, dass Flopson ohne ihn nach Beweisen suchen wollte, und er folgte ihr. »Wonach suchen wir?«, fragte er.

»Nach einem großen Hausschuh«, sagte Flopson.

»Hausschuh?«, fragte Jack geschäftig. »Hab ich gesehen.«

»Wo?«, rief Flopson aufgeregt. Der Hamster wieselte los, und die Katzenbärin folgte ihm.

Neben dem Wischmopp, mitten im Gebüsch, stoppte der Hamster. Auf einem kleinen Berg von Müll lag wirklich ein Hausschuh. Der Geruch war kaum auszuhalten, aber trotzdem schnappte sich Flopson den Schuh mit der Schnauze und rannte los. Jack sauste hinterher.

Draußen vor dem Gebüsch ließ Flopson den Hausschuh fallen. Sie winkte Meili und Fridolin heran, die den Hausschuh fragend ansahen.

»Das ist der Hausschuh vom Pfleger Kurt«, erklärte die Katzenbärin.

»Uh, Chefin, kannst du den muffigen Schuh wegstellen?«, schimpfte Jack. Er nahm einen Stock und schob den Hausschuh beiseite, der größer war als der ganze Hamster.

»Moment!«, rief Flopson. »Das ist ein Beweisstück.«

»Das stinkige Ding soll ein Beweisstück sein? Wofür denn bloß?«, fragte Jack empört. »Dafür, dass der Tierpfleger Stinkefüße hat?«

Flopson musste lachen. Mit muffelnden Beweisstücken wollte der Hamster wohl nichts zu tun haben. Aber es nützte alles nichts. »Es ist sogar ein entscheidendes Beweisstück. Ich glaube, es wird diesen Fall lösen.«

Nun starrten die anderen drei Polizisten sie gespannt an. »Den linken Hausschuh hat Kurt noch. Aber der rechte Schuh ist verschwunden.« Flopson hob den Schuh hoch. »Dieser hier.«

Sie drehte den Schuh um und zeigte auf die Sohle.

»U-ha!«, rief Jack. Er und Meili verstanden sofort, was Flopson meinte.

Fridolin nicht. »Von unten ist der Schuh dreckiger als von oben?«, schlug er vor.

»Das auch«, sagte Flopson. »Aber das meine ich nicht.« Sie drückte die Sohle in den Sand. Alle warteten gespannt. Flopson hob den Schuh an. Hatte sie überhaupt recht mit ihrer Vermutung?

Fridolin staunte. »Du, Chefin, genau wie der Abdruck vom Riesenschupp.« Und dann riss er in einem Moment von Erkenntnis die Augen auf. »Leute, ich hab's! Der Riesenschupp hat die gleichen Hausschuhe wie Pfleger Kurt!«

»Also, Klein-Pferd!«, schimpfte Jack. »Wie kann man nur solche Sachen sagen? Wie kann man sie überhaupt *denken*? Meine Herren!« Der Hamster konnte sich gar nicht beruhigen. »Der Riesenschupp trägt doch keine Hausschuhe!«

Meili kicherte. »Ich glaube, der Hausschuh gehört Pfleger Kurt«, sagte sie.

Flopson nickte. »Irgendjemand hat ihm den rechten Schuh geklaut, um diese Abdrücke im Sand zu verteilen.«

»Woher wissen wir, dass es nicht Pfleger Kurt war, der hier in Hausschuhen rumgestiefelt ist?«, fragte Fridolin.

»Weil es so ist«, murrte der Hamster.

Fridolin blickte Jack an. »Kannst du das beweisen?«

»Nein!«, rief Jack.

»Aber Jäckilein, warum sollte jemand Abdrücke von einem stinkigen Hausschuh verteilen?«, fragte Fridolin.

»Mpf!«, machte Jack.

Meili setzte sich auf den Kopf des Hamsters und tätschelte beruhigend seine winzigen Ohren. »Jemand hat die Abdrücke verteilt, damit alle denken, dass der Riesenschupp hier war«, erklärte die Blaumeise. »Und damit alle denken, dass er riesige Füße hat.«

Flopson nickte.

»Ist der Riesenschupp etwa nur ausgedacht?«, fragte Fridolin.

»Das kann nicht sein«, sagte Meili. »Denn ich habe ja sein Gehege gesehen. Und wir haben uns doch zusammen das Schild durchgelesen, das ich dort gefunden habe. Den Riesenschupp gibt es wirklich, so viel ist sicher.«

Flopson spürte, dass sie der Lösung des Falls immer näher kamen. »Was wissen wir eigentlich über ihn?«, fragte sie aufgeregt und blickte Jack an. »Welche Beweise haben wir?«

Der Hamster überlegte. »Das Nashorn ist nicht verschwunden. Die Katzenbärin ist auch nicht verschwunden. Nicht mal Heinz ist weg. Der Löwe hat nicht mit dem Riesenschupp gekämpft. Den Krach hat er nicht gemacht. Die Flamingos hat er nicht vergiftet. Wenn der Fußabdruck auch nicht vom Riesenschupp stammt, sondern von einem Hausschuh« – an dieser Stelle seufzte der Hamster laut – »wissen wir gar nichts. Null. Nix.« Jack rieb sich müde über das Gesicht.

»Aber die Affen haben den Riesenschupp wirklich gesehen«, sagte Flopson. »Sie sind Zeugen.« Sie stockte. »Wisst ihr was? Wir legen uns heute Nacht auf die Lauer!«

»Och nö!«, riefen die anderen drei Polizisten wie aus einer Schnauze.

Was nun kam, könnte man als »das große Nölen« bezeichnen. Für Jack, Fridolin und Meili war Auf-der-Lauer-Liegen der schlimmste Teil der Polizeiarbeit. Und nicht nur, dass sie es schlimm fanden – sie konnten es auch nicht! Mehr als einmal war ihnen ein Verdächtiger entwischt, weil sie nicht ordentlich gelauert hatten. Und nun war es wieder mal so weit. Lauerzeit!

»Es muss sein«, sagte Flopson, die als Einzige gern auf der Lauer lag. »Oder hat jemand einen besseren Vorschlag?« Den hatte allerdings niemand. »Aber heimlich.« Flopson blickte die anderen an. »Wir müssen ganz leise sein. Die Affen dürfen uns nicht sehen. Und vor allem: Der Riesenschupp, oder wer auch immer sich dahinter versteckt, darf nicht wissen, dass wir hier sind.«

»Geht klar«, sagte Fridolin.

Die vier taten so, als ob sie weggingen. »Tschüss mit ö!«, rief Fridolin den Affen zu.

»Das heißt Tschö mit ö!«, meckerte Jack.

»Warum?«, fragte Fridolin. »Bei Tschö ist doch schon ein Ö, da muss man doch nicht ...«

»Leute?« Flopson ging dazwischen. »Wir wollen gerade unauffällig sein.«

»Mit ö?«, fragte Fridolin und kicherte.

»Nö!«, rief Jack sauer.

»Pst!«, machte Meili.

Sie liefen um das Gehege der Menschenaffen herum, die ihnen lässig winkten.

»Und, habt ihr euren Riesenschupp gefunden?«, fragte der Orang-Utan.

»Nur seine Hausschuhe«, erklärte Fridolin.

Mittlerweile war es sehr dunkel. Und das machte die Jagd nach dem Riesenschupp

noch grusliger. Schweigend drehten die vier Polizisten eine Runde um das Affenhaus. Sie duckten sich hinter das Gehege der Streifenhörnchen, das genau gegenüber vom Affengehege lag.

Es war nicht leicht, einen guten Platz fürs Lauerliegen zu finden. Am Ende beschlossen sie, einfach unter eine Besucherbank zu kriechen, die genau vor dem Zaun stand. Wegen der Dunkelheit bemerkten die Affen sie nicht.

LAUERZEIT!

Die vier Tiere hatten es sich gerade unter der Bank bequem gemacht – wer stolzierte da schon wieder heran? Der schöne Mark!

»Ist Mark der Riesenschupp?«, flüsterte Jack. »Denn jetzt hat er endlich was zum Rumerzählen.«

Flopson überlegte. Ja, das konnte durchaus sein. »Es wäre ganz schön gemein von ihm, die Tierparktiere so zu erschrecken.«

Mark lief vor dem Zaun herum und erzählte den Affen den neuesten Klatsch und Tratsch. Er berichtete, dass Pfleger Kurt einen Hausschuh vermisste. Und dass die Tierpolizei aufgegeben hätte. »Sie sind weggerannt, das sage ich euch. Die kommen auch nicht mehr. Wir müssen mit dem Riesenschupp allein fertigwerden.«

Also so was! Fridolin hob empört den Kopf und stieß oben an die Bank.

Erschrocken drehte Mark sich um. »Oh! Das war bestimmt der Riesenschupp!«

Die Affen kreischten und quiekten. Sie schimpften auf die Tierpolizei. »Sie wollten uns helfen. Haben sie versprochen!«, sagte der kleine Bambuslemur. »Voll fies, dass sie einfach weg sind. Von wegen Polizei!«

Flopson konnte es kaum aushalten, wie hier über die Tierpolizei gesprochen wurde. Aber das musste jetzt warten, denn als Erstes mussten sie den Riesenschupp einfangen. Auch Flopson fiel das Auf-der-Lauer-Liegen nun entsetzlich schwer.

Mark erzählte noch ein paar andere sehr unnütze Dinge über die Elefanten und die Giraffen und die Krokodile. Dann stolzierte er weiter.

Er war gar nicht lange weg, da ... schlief die Tierpolizei ein. Alle vier. Sogar Flopson.

Als sie aufwachte, war im Affenkäfig kein Mucks zu hören. Alles still. Trotzdem hatten ihre empfindlichen Ohren ein Geräusch wahrgenommen. Sie kroch unter der Bank hervor. Eigentlich wollte sie nur ein Stück am Zaun entlangschleichen und nach dem Rechten sehen. Doch dann – da! Ein rotes Leuchten in der Nacht. Sie schlich näher. Ganz hinten in der Ecke, in der sie die Abdrücke und das Loch im Zaun gefunden hatten, bewegte sich etwas. Und jetzt hörte sie auch Geräusche. Ein seltsames Wimmern und ein unheimliches Pfeifen wehten zu ihr herüber.

Flopson hatte keine Zeit, zurückzurennen und die anderen zu holen. Die Katzenbärin kroch seitlich am Holzzaun der Tierpfleger entlang und tiefer in das Gebüsch hinein, das sie am Abend schon einmal durchquert hatten.

Die grusligen Geräusche wurden lauter. Ein Busch mit Knallerbsen wackelte. Flopson hatte Angst. Aber sie wusste auch, dass sie diesen Fall jetzt und hier und auf der Stelle beenden wollte. Nichts von dem, was die anderen Tiere erzählt hatten, stimmte, und in ihre Angst mischte sich eine kräftige Prise Neugier.

Nun war hinter ihr ein Rumpeln zu hören. Flopson blieb stehen und wagte nicht, zu atmen.

»Klein-Pferd! Bleib da vorn! Du passt hier nicht

durch!«, schimpfte eine ihr bekannte Stimme. Es waren ihre Freunde!

»Aber ihr braucht mich. Ich bin stark. Und ich lasse euch nicht allein«, beharrte Fridolin.

»Pst!«, machte Meili. »Ruhe!«

Jetzt stoppten die unheimlichen Geräusche des Riesenschupps. Und das war kein Wunder bei der Lautstärke. Auch die roten Augen verschwanden.

»Was macht ihr hier?«, fragte Flopson leise.

»Wir passen auf dich auf«, erklärte Jack.

»Hast du doch selbst gesagt: Wir bleiben zusammen. Niemand geht allein los«, sagte Meili.

»So, jetzt habe ich einfach keine Angst mehr! Ich will wieder in Ruhe essen und schlafen und in unserem schönen Revier Äpfel ernten«, schimpfte das Pony. »Ich schnappe mir jetzt diesen Riesenschupp mit seinen komischen Hausschuhen.« Mit diesen Worten, laut und mutig ausgesprochen, marschierte Fridolin los.

Flopson sah Fridolin einen Moment lang hinterher. Das Pony hatte recht: Es ging um Angst! Alle Tiere hatten Angst vor dem Riesenschupp. Aber warum eigentlich? Es war gar nichts Schlimmes passiert. Sie wussten nicht mal, wovor sie eigentlich Angst hatten, denn niemand außer den Affen war dem Riesenschupp je begegnet. Eigentlich fürchteten sich alle vor einer Geschichte. Und vor lauter Angst waren die Tierparktiere gar nicht auf die Idee gekommen, genauer nachzufragen und dem Geheimnis des Riesenschupps auf den Grund zu gehen.

Zusammen mit ihren Freunden lief Flopson weiter. Wer oder was dieser Riesenschupp auch immer war – sie würden sich dieser Gefahr jetzt stellen!

»Ich habe keine Angst mehr!«, sagte sie.

»Ich auch nicht«, sagte Jack. »Komm raus!«, rief der kleine Hamster. »Zeig dich!«

Nichts war zu hören. Flopson blickte nach links und bemerkte die Augen von unzähligen Affen, die sie genau beobachteten. Sie standen am Loch im Zaun und blickten hindurch.

Die vier gingen weiter. Die Angst war weg. Und das war ein herrliches und freies Gefühl. Leider war es im Gebüsch so dunkel, dass sie nichts mehr erkennen konnten.

»Das haben wir gleich«, sagte Jack. Er holte seine Taschenlampe aus dem Rucksack und leuchtete ins Dickicht.

Und da saß er. Wirklich und tatsächlich! Der Riesenschupp!

Phuuuu
Huuuu
Bruuuu

Damit hatten die Tierpolizisten nicht gerechnet. Er hockte in einem Baum, und sein großer bunter Körper wippte hin und her. Seine Mähne war buschig.

»Aber ... das ist ja der Wischmopp!«, rief Fridolin.

»Und der Körper ist eine alte Jacke!«, stellte Jack erstaunt fest.

»Die roten Augen? Nichts weiter als zwei Fahrradlampen!«, erkannte Meili, als sie näher heranflog.

»Und die Geräusche?«, fragte Flopson. Sie sprang auf den Ast und zog an der Jacke. Sie fiel zu Boden. Darunter saß – Heinz, der kleine Koboldmaki! Er pustete in eine leere Flasche.

»Du?«, fragte Flopson fassungslos.

Heinz nickte. »Ja. Ich«, sagte er mit brüchiger Stimme.

ABER NICHT ERSCHRECKEN!

Nun waren sogar die vier Tierpolizisten baff, und sie hatten immerhin schon so einiges erlebt. Es war still. Still im Gehege der Affen. Still im Gebüsch. Heinz ließ seine zierlichen Schultern hängen und guckte Flopson mit seinen runden Augen an.

»Was soll das?« Die Plumplori-Dame hangelte sich am Zaun entlang. »Warum machst du so was? Wir hatten alle Angst.«

Der kleine Koboldmaki blickte schüchtern zu Boden.

»Warum wolltest du die Affen erschrecken?«, fragte Meili. Sie flatterte eine Runde um den Koboldmaki und setzte sich dann neben ihn, weil der Kleine doch einen sehr verängstigten Eindruck machte. Er saß zwischen Flopson und Meili und zuckte mit den Schultern.

»Weil ... weil sie so gemein zu mir waren.« Seine

hohe, zarte Stimme zitterte beim Sprechen. »Sie haben mich immer ausgeschlossen. Nie durfte ich mitspielen. Nie durfte ich mit den anderen toben. Keiner wollte mein Freund sein.«

Heinz erzählte, dass er eines Tages das Loch im Zaun entdeckt hatte. Und dass er dann einfach weggelaufen war. Weg von den anderen Affen, die ihn immer nur ausgegrenzt hatten. Die ihn ausgelacht hatten, weil er nun mal am liebsten Insekten futterte und keinen Salat mochte. Weil er der einzige Koboldmaki im ganzen Gehege war. Die gesagt hatten, dass er nicht wie ein Affe aussah, sondern wie eine Schnecke mit Beinen. Weg von der Einsamkeit auf seiner Palme.

»Ich hatte immer Angst vor ihnen und war traurig. Und wenn ein Affe traurig ist, dann dürfen die anderen doch nicht glücklich sein, oder? Ich wollte, dass sie auch Angst haben und traurig sind und ganz still auf der Palme sitzen. Wie ich.«

Um im Park zu überleben, hatte er den Menschen Essen geklaut. Und auch Spielzeug und Handys, Fahrradlampen und ein Kuscheltier. Und dann kam er auf die Idee, ein fürchterliches Gruseltier zu bauen. Er knautschte seine winzigen Pfoten und sah auf. »Ich war so wütend! Am liebsten hätte ich alle angeschrien. Aber das hätte keiner gehört, weil ich so eine leise Stimme habe.«

»Das wäre trotzdem besser gewesen, als den ganzen Tierpark in Angst und Schrecken zu versetzen«, meinte Flopson.

»Den ganzen Tierpark?«, fragte der Koboldmaki und schnupperte erstaunt mit seiner winzigen Nase.

»Ja! Alle Tiere haben solche Angst vor dem Riesenschupp, dass sie uns gerufen haben. Sie können kaum noch schlafen«, sagte Meili.

»Riesenschupp?«, fragte Heinz.

»Ja, Riesenschupp«, sagte Jack streng. »Das fiese Tier, das im Tierpark herumläuft.«

Nun wurden die Augen des kleinen Affen noch größer. »Vor dem Riesenschupp hab ich auch Angst«, sagte er mit zittriger Stimme.

»Aber ...« Fridolin gingen sehr viele Gedanken durch den Ponykopf. »Jetzt ist es ja noch andererser als anderser«, fand er. »Erst hatte Heinz Angst vor dem Riesenschupp, und jetzt ist er selbst der Riesenschupp.« Er blickte den kleinen Affen an. »Du hast Angst vor dir selbst.«

Entschieden schüttelte Heinz den Kopf. »Ich bin nicht der Riesenschupp. Ich habe nur von den anderen Tieren gehört, dass ein schlimmer Riesenschupp ausgebrochen ist.«

»Doch, du bist der Riesenschupp«, sagte Jack.

»Vielleicht gibt es gar keinen Riesenschupp?«, fragte Fridolin verwirrt.

»Es muss ihn geben. Schließlich habe ich das Schild an seinem Gehege gefunden«, stellte Meili fest.

»Aber der Riesenschupp hat die schlimmen Sachen gar nicht getan, die Mark ihm angedichtet hat«, fügte Flopson hinzu.

Die Tierpolizisten blickten sich an. Einen Moment lang war es still. Alle dachten nach. Dann wurde es wieder laut.

»Ich habe gehört, hier ist was los?!«, krächzte es

durch das Dickicht. »Wer ist der Schönste im ganzen Park?«, fragte Mark und kroch neugierig auf sie zu.

»Du nicht. Weil du lauter Sachen rumerzählt hast, die gar nicht stimmen!«, rief Jack.

Mark stöhnte. »Jetzt fangt ihr wieder mit eurer Wahrheit an.«

Die Tierpolizisten erklärten ihm, dass kein Riesenschupp im Gebüsch saß, sondern nur Heinz, der die anderen Affen erschrecken wollte.

»Wenn du es nicht rumerzählt hättest, hätte nie ein anderes Tier vor dem Riesenschupp Angst gehabt«, sagte Flopson.

»Und warum überhaupt der Riesenschupp?«, fragte Meili.

Der Pfau reckte sich. Er bekam zwar gerade Ärger, aber das schien ihm egal zu sein. Hauptsache, er stand im Mittelpunkt. »Ich habe gehört, dass es auf der anderen Seite des Parks ein neues Gehege gibt. Für ein Tier, das Riesenschupp heißt. Und dann haben die Affen erzählt, dass Heinz fehlt. Und dass nachts ein fieses Monster an ihrem Gehege spukt. Den Rest habe ich mir überlegt. Ist doch logisch, dass der Riesenschupp Heinz geholt hat.« Der Pfau blickte stolz in die Runde. »Ich sollte auch bei der Polizei arbeiten, ich kann so schön logisch denken.«

»Nein!«, rief Jack. »Du schwindelst. So was dürfen Polizisten nicht.«

»Ich liebe nun mal gute Geschichten«, hielt Mark dagegen.

»Gute Geschichten?«, fragte Jack. »Mach dich nicht zum Affen!« Er schnaufte. »Wer redet den größten Quark im ganzen Park?« Jack blickte zu seinen Kollegen.

»Mark!«, riefen Meili, Flopson und Fridolin.

»Bloß, wer ist jetzt eigentlich der Täter?« fragte Fridolin. »Mark, weil er überall rumerzählt hat, dass der Riesenschupp Tiere holt? Oder Heinz, weil er so getan hat, als ob er ein Monster wäre? Oder die Affen, weil sie Heinz geärgert haben?«

Das war eine schwierige Frage. Die Tierpolizei

suchte ja immer nach Tätern, aber manchmal gab es wohl einfach keine.

»Irgendwie waren sie es alle und keiner«, sagte Flopson.

»Mark ist jedenfalls nicht gerade unschuldig«, fand Meili. Sie blickte den Pfau an. »Deshalb, mein Lieber, stolzierst du jetzt durch den Park und erzählst allen Tieren die Wahrheit«, sagte sie streng.

»Das ist doch langweilig«, maulte Mark. Aber dann zog er davon, um die langweilige Wahrheit im Park zu verbreiten.

Fridolin hatte eine Bitte an den Koboldmaki. »Kannste das noch mal machen?«, fragte das Pony. »Es ist so schön gruslig.«

»Ich würde es auch gern noch mal sehen«, sagte Flopson.

»Ja, gut«, sagte Heinz. »Aber nicht erschrecken.« Er legte sich die bunte Jacke um die Schultern und wiegte sich hin und her, sodass die Jacke im Baum herumschwang. Ein Raunen ging durch die Menge der Affen. Heinz stellte die beiden Fahrradlampen an, die auf dem Wischmopp klemmten, und zwei Augen leuchteten rot auf. Er nahm die Flasche, röchelte und keuchte hinein und ließ dadurch gruslige Geräusche entstehen.

Die Affen hingen am Zaun und beobachteten das

Schauspiel. Denn nichts anderes war der Riesenschupp: ein Schauspiel! Ein gut gemachtes, unheimliches Schauspiel.

»Und davor haben wir uns gegruselt?«, fragte der Büschelohrmaki halb erstaunt, halb verärgert.

»Total ungruslig«, sagte die Plumplori-Dame.

»Mal wieder typisch Heinz. Nix kann er, nicht mal gruslig sein«, sagte der Schwarzweiße Vari.

Die anderen Affen lachten. Erschrocken stellte Heinz die Lampen aus und kletterte im Baum ganz nach oben. Die vier Tierpolizisten sahen sich an. So nicht! Nicht mit ihnen!

Fridolin war der Erste, der Luft holte, um loszulegen. »Ihr seid richtig gemein zu Heinz! Gemein sein ist verboten!«, rief das Pony. »Und ihr seid so viele, und Heinz ist nur ein Einziger.«

»Warum seid ihr so fies zu ihm?«, fragte Meili empört. »Geht es euch dann besser? Macht es euer Leben schöner? Ich glaube nicht!«

»Stellt euch doch mal vor, ihr wärt Heinz. Und alle würden über euch lachen, euch ausschließen und schlimme Sachen sagen«, rief Flopson.

»Da kann man schon mal zum Monster werden«, fand Jack.

Der Schwarzweiße Vari nickte. »Ich wäre jedenfalls nicht gern Heinz. Wenn alle mich ärgern ... nee!«

»Hätte ich auch keine Lust drauf«, meinte die Plumplori-Dame.

»Fühlt sich bestimmt doof an«, sagte der kleine Bambuslemur. »Aber ich hab nicht angefangen«, fügte er noch hinzu.

»Ich auch nicht«, sagte der Büschelohrmaki.

Und dann erklärten alle anderen Affen, dass sie auch nicht angefangen hätten. Es brach ein Streit darüber aus, wer der Anfänger der Heinz-Ärgerei wohl gewesen sei, aber natürlich fand sich niemand, der es zugeben wollte.

»Egal, wer angefangen hat – weitergemacht habt ihr alle«, sagte Meili entschieden. »Ihr müsst euch vertragen! Schließlich wohnt Heinz auch hier.«

»Nee«, rief der Koboldmaki aus dem Baum. »Bei denen will ich nicht mehr wohnen. Das wird nix mehr. Ich kenne jetzt die affige Seite der Affen.«

»Heinz, du hast recht«, fand Jack. »Du brauchst ein neues Zuhause. Eins, wo du Freunde hast und die anderen lieb zu dir sind. Das brauchen schließlich alle Tiere, dass man lieb zu ihnen ist.«

Der kleine Koboldmaki kletterte vom Baum. »Ein neues Zuhause?«, fragte er. »Mit Freunden?«

Flopson nickte. »Ich hätte da so eine Idee.«

Zu fünft gingen sie los. Zurück durch das Dickicht. Vorbei am Affengehege.

Mark lag vor dem Affenhaus und schlief.

»Es macht eben müde, die Wahrheit zu erzählen«, sagte Jack nur.

Meili kicherte. »Vor allem, wenn man sich lieber was ausdenkt.«

Sie liefen durch den nächtlichen Park. Die Wege waren frei. Kein Mensch zu sehen. Müde trabten sie dahin. Es war still. Einzelne nachtaktive Tiere spielten oder futterten.

An dem kleinen Gehege, in dem Olmoti darauf wartete, ausgewildert zu werden, blieben sie stehen.

»Hier? Das ist mein neues Zuhause?«, wunderte sich Heinz und schmollte.

»Doch nicht hier«, rief Flopson. »Du fährst mit Olmoti nach Indonesien. Heimlich, ohne dass es die Menschen merken. Dort gibt es nämlich noch mehr Koboldmakis.«

Die großen runden Augen des kleinen Affen wurden noch größer und runder. »Andere Koboldmakis? Indonesien? Zuhause?«

»Ja, das passt«, fand Fridolin. »Du wilderst dich einfach selbst aus.«

Sie versuchten, Olmoti zu wecken, was ihnen nicht gelang. Wenn ein Nashorn schläft, dann schläft es.

»Danke, Tierpolizei«, sagte Heinz. Er kletterte

über den Zaun, krallte sich in einem Baum fest und schlief sofort ein.

»Ich hau mich auch aufs Ohr«, sagte Jack. »Ich bin echt platt.«

Der Hamster kroch in das leere Gehege, in dem sie Heinz das erste Mal getroffen hatten, als er mit der Ratsche und der Tröte im Baum gesessen hatte.

Die anderen folgten ihm, und kurz darauf waren alle vier eingeschlafen.

MEINE KLEINE AUSREISSERIN?

Flopson erwachte von einem Geruch, der ihr bekannt vorkam. Bekannt? Eher vertraut und gemütlich und natürlich und ... einfach ein Geruch, der zu ihr gehörte. Ein Zuhause-Geruch.

Dabei war es gar nicht leicht, *irgendetwas* zu riechen. Drei Tiere lagen um sie herum und schwitzten im Schlaf vor sich hin. Am stärksten roch das Pony, nach Pferd und nach Brötchen. Die Meise roch kaum nach etwas. Jack duftete nach Äpfeln und Erde.

Aber zwischen all diesen Gerüchen war noch etwas anderes. Flopson konnte gar nicht anders, sie musste sofort aufstehen und ihrer Nase folgen. Und diese Nase führte sie zum Zaun. Daneben lag ein weiteres Gehege, das genauso aussah wie das, in dem sie geschlafen hatten. Es war leer. Oder?

Sie kletterte auf eine Kiste und sprang über den Zaun. Der Geruch wurde hier stärker. Sie lief durch das Gehege. Der Sand war trocken, es staubte. Weiter hinten lief Pfleger Kurt mit einer Schubkarre über den Weg.

»Flopson?«, fragte eine fremde und doch vertraute Stimme.

Nanu? Wer kannte sie denn hier? Sie sah sich um.

»Wie schön, dass du mich endlich mal besuchst«, sagte die Stimme. Aus dem Schatten, den die Morgensonne neben dem Haus warf, trat eine Katzenbärin. Sie kam auf Flopson zu. Lief um sie herum. Flopsons Herz klopfte.

»Jasmin?«, fragte sie.

»Ja, das bin ich, du kleine Ausreißerin«, sagte Jasmin.

Flopson schluckte. Und dann traute sie sich. »Mama?«

Jasmin nickte. »Ich habe mir solche Sorgen um dich gemacht. Wie oft bist du durch ein Loch im Zaun geschlüpft und hast dich im Park umgesehen. Aber du bist immer zurückgekommen. Und eines Tages warst du einfach weg.« Jasmin seufzte und legte ihren Kopf auf Flopsons Rücken. »Ich habe gewartet und gewartet. Aber von dir war nichts mehr zu hören. Mark hat mir erzählt, dass du beim Löwen gesehen wurdest. Der Löwe hat zwar geschworen, dass er dich nicht gefressen hat, aber Mark und

der Löwe erzählen den lieben langen Tag Unsinn. Trotzdem habe ich immer gewusst, dass du am Leben bist.«

Die beiden setzten sich in die Sonne. Flopson erzählte von Frau Huppenschuh, von ihrem Freund Tjalle und vom Fernsehen. Und dass sie lesen konnte. Aber vor allem berichtete sie haarklein von der Tierpolizei und ihren drei tollen Freunden.

»Ich bin so glücklich, dich zu sehen! Und dass du so ein schönes Leben hast«, sagte Jasmin voller Freude.

»Ich wäre bestimmt früher gekommen. Aber ich konnte mich nicht daran erinnern, dass ich aus dem Tierpark stamme.«

»Na ja, du warst ja auch sehr klein.«

»Dann ist Koko meine Schwester?«, fragte Flopson.

Jasmin kicherte. »Ja, das ist sie. Und sie ist genau so eine wilde Ausreißerin wie du. Und Gilgamesch ist dein Opa.«

Die beiden waren so damit beschäftigt, sich alles zu erzählen, dass sie nicht bemerkten, wie Tierpfleger Kurt ins Gehege kam.

»Ich flipp aus!«, rief er. Der Arme! Er verstand jetzt gar nichts mehr. »Jasmin? Und noch mal Jasmin? Warum um alles in der Welt bist du denn doppelt? Das geht doch gar nicht.«

Flopson und Jasmin setzten sich nebeneinander und blickten ihn an. Und dann, ganz langsam, verstand er, was los war. »Bist du etwa ... bist du etwa Flopson? Meine kleine Ausreißerin? Du lebst? Das ist ja ...!« Er strubbelte sich durch sein Haar und ließ sich auf den Boden fallen. »Das ist einfach verrückt. Du bist wieder da!«

Flopson strich um die Füße von Kurt. Er trug frische Socken, und sogar seine Schuhe rochen ganz in Ordnung.

»Jetzt weiß ich gar nicht, was ich machen soll. Soll ich versuchen, dich einzufangen?«, fragte er.

»Nein, lass das lieber«, gab Flopson zurück.

Und weil Kurt ein guter Tierpfleger war, ahnte er, was sie gesagt hatte.

»Ich lass dich einfach in Ruhe, ja? Als hätten wir uns gar nicht getroffen. Du lebst in der Stadt dein eigenes Leben, das kann ich sehen. Dir geht es gut. Wenn ich das Mandy erzähle ...« Kurt drehte sich einfach um und ging. Er stellte sich zu einer kleinen Hyäne ans Gehege und erzählte ihr, was er gerade erlebt hatte.

Flopson legte ihren Kopf auf Jasmins Rücken. »Ich muss jetzt los. Meine Freunde warten.«

»Und du willst wirklich nicht hier bei uns bleiben?«, fragte ihre Mutter.

»Nein, ich lebe jetzt bei meinen Freunden. Wir haben ein richtiges Polizeirevier. Und es gibt viel zu tun für uns in der großen Stadt.«

»Ja, das glaube ich.« Jasmin kicherte. »Riesenschupps einfangen zum Beispiel.«

Beide lachten. Sie schmusten noch einen Moment und drückten ihre Nasen aneinander. Dann lief Flopson los. »Ich komme euch bald besuchen!«, rief sie. »Viele Grüße an die anderen. An ...« Flopson zögerte. »Viele Grüße an meine Familie!«

WIR SIND DIE TIERPOLIZEI!

Fridolin ließ sich fellklein berichten, wie Flopson ihre Mutter getroffen hatte. Und dann wollte er die Geschichte gleich noch einmal hören. Auch Jack und Meili lauschten ergriffen. Flopson hätte die Geschichte bestimmt noch ein drittes Mal erzählen müssen, aber nun erreichten sie das Gehege des Riesenschupps.

Unterwegs hatten sie das Schild geholt, das Meili gefunden hatte. »Wir hängen es wieder auf. Damit die Leute wissen, dass hier eigentlich der Riesenschupp wohnt«, sagte Flopson.

Meili zeigte ihr die Halterung, an der das Schild befestigt gewesen war. »Hier sind noch die Schrauben.« Die Meise kroch in ein Gebüsch und holte sie hervor.

Zu viert standen sie vor dem Gehege und versuchten, das Schild wieder anzubringen.

Aus der Tiefe des Geheges lief nun ein Tier auf sie zu. Es war ungefähr so groß wie Flopson und hatte dicke braun-grüne Schuppen auf dem Rücken. Der Schwanz und die Schnauze waren beide lang und spitz, nur dass vorn an der Schnauze noch zwei schwarze Augen, niedliche Öhrchen und eine kleine Nase zu sehen waren.

In den Vorderpfoten trug es ein Schild, und es lief wirklich wie ein T-Rex auf den Hinterbeinen. Allerdings sah es nicht gefährlich aus, sondern sehr süß.

»Der Riesenschupp!«, wieherte Fridolin begeistert. Und sehr laut.

Das Tier ließ das Schild fallen und rollte sich erschrocken zusammen. Jetzt sah es aus wie ein halber Ball mit einem herrlichen Muster aus Schuppen.

»Ist das etwa …?«, fragte Jack fassungslos und zeigte auf den ängstlich eingerollten Ball.

Flopson zuckte mit den Schultern. Ja, das war wohl der Riesenschupp. »Alles in Ordnung«, sagte sie. »Wir tun dir nichts.«

Das Tier rollte sich sofort wieder aus. »Dann ist ja gut«, sagte es und kam näher. »Wie geht es euch? Ist das nicht ein herrliches Wetterchen? Ich will gerade ein bisschen aufräumen. Wir sind nämlich ganz neu hier, erst seit heute früh da.«

Was war das? Aus dem Häuschen dahinter krabbelte nun ein viel kleinerer Riesenschupp. Er setzte sich auf den Schwanz der Riesenschupp-Mutter, hielt sich gut fest und beobachtete die Tierpolizisten vorsichtig. »Wer sind die?«, fragte er.

»Wer seid ihr, liebe Leute?«, fragte seine Mutter.

»Wir sind die Tierpolizei!«, erklärte Jack mit diesem besonders stolzen Ton, mit dem er den Satz jedes Mal sagte. Es war einfach sein Lieblingssatz.

»Ach du je, gab es einen Polizeifall im Tierpark?«, wunderte sich die Riesenschupp-Mutter.

Flopson blickte die anderen an. Sollten sie den Riesenschupps erzählen, was passiert war? Die beiden machten so einen freundlichen und lieben Eindruck, dass es sie bestimmt sehr traurig machen würde.

»Nein, alles in Ordnung hier«, sagte Meili daher.

»Ich habe nur meine Familie besucht«, erklärte Flopson.

»Ein Glück«, sagte die Riesenschupp-Mutter erleichtert. »Wir sind nämlich sehr froh, dass wir hier sind. Ihr ahnt nicht, was wir hinter uns haben!« Und dann berichtete sie, dass sie mit ihrem Kind wochenlang in einer Kiste hatte ausharren müssen. Die beiden waren von China nach Europa geschmuggelt worden, weil es Menschen gab, die aus ihren Schuppen Medikamente machen wollten.

»Die Zoo-Polizisten haben uns gefunden«, sagte das Kind.

»Nein, die *Zoll*-Polizisten«, sagte die Mutter. »Sie arbeiten am Flughafen. Sie finden oft Tiere, die geschmuggelt werden.«

»Es ist nämlich verboten, Tiere zu schmuggeln«, sagte das Kind.

»Da muss sich die Tierpolizei mal drum kümmern«, sagte Jack.

Die Mutter nickte. Sie erzählte, dass ihre Tierart von allen Säugetieren am meisten gejagt und geschmuggelt wurden. Deshalb gab es in der Wildnis nur noch sehr wenige von ihnen.

Sie seufzte. »Es ist zwar kein wilder Wald hier. Aber ich bin so froh, dass wir uns nicht mehr vor

Jägern verstecken müssen. Das war anstrengend. Jetzt werden wir uns erst mal ausruhen.« Es zeigte den anderen das Schild, das ihr gerade aus den Pfoten gefallen war. »Das habe ich im Gebüsch gefunden. Da ist ein Bild von mir drauf. Ganz gut getroffen, oder?«, sagte die Mutter zufrieden.

Flopson starrte das Schild an. Ja, es war wirklich das Bild eines Riesenschupps zu sehen. Aber noch interessanter war, was darunter stand. Nämlich ENTIER.

»Das ist der andere Teil«, rief Flopson und hielt das Schild an das Schild, das Meili abgeschraubt hatte. »Es ist kaputt, wir hatten nur die Hälfte«, stellte sie fest und las dann vor: »RIESENSCHUPPENTIER (auch PANGOLIN genannt).«

»Du bist ein Riesenschuppentier?«, fragte Meili.

Das Riesenschuppentier, auch Pangolin genannt, nickte. »Wir sind die größten unserer Art. Die anderen sind noch kleiner«, erklärte die Mutter.

Das Kind blieb vor dem Futternapf stehen und ließ seine Zunge herausschnellen. Sie war wirklich sehr lang, und das Futter blieb daran kleben. Es hatte keine Zähne und schluckte das Futter einfach runter. »Ameisen sind besser«, fand es. »Aber das ist auch ganz lecker. Kann man machen.«

Die Tierpolizisten wünschten den beiden Riesenschuppentieren einen schönen Tag und überhaupt ein glückliches Leben, dann machten sie sich auf den Weg.

»Ich habe mir Riesenschupps ganz anders vorgestellt«, sagte Fridolin.

»Es gibt ja keine Riesenschupps. Deshalb kannst du sie dir so lange und so anders vorstellen, wie du willst«, stellte Jack fest. »Sogar noch anderser. Und ich kann lange nach Spuren suchen, denn es gibt keine Spuren von einem Tier, das es nicht gibt.«

Da nickten seine drei Kollegen.

Sie waren seit zwei Tagen nicht mehr auf dem Polizeirevier gewesen und freuten sich riesig, sich endlich mal auszuruhen. Meili wollte sich gründlich in einer Pfütze waschen, Jack wollte seine Schätze sortieren, Fridolin musste sehr viel essen.

Und Flopson? Sie lief gleich am nächsten Tag zurück zum Tierpark, um ihre wundervolle Familie zu besuchen. Koko platzte fast vor Stolz, weil sie mit einer Tierpolizistin verwandt war. Opa Gilgamesch behauptete, er hätte es ja gleich gewusst. Und Jasmin war einfach nur glücklich, dass Flopson wieder da war.

Bei Flopsons Rückkehr wartete im Revier schon jemand auf sie ... nämlich eine Brieftaube. Sie hatte eine Nachricht dabei.

KucKuck!

Einen RIESENSCHUPP zeichnen!

(in 6 Schritten)

Du brauchst nur:

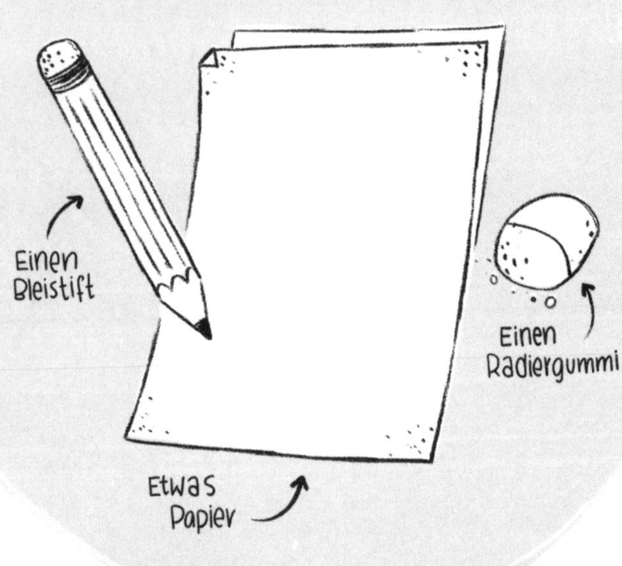

1 Starte mit zwei kleineren Kreisen für Kopf und Schnauze und einem großen Kreis für den Körper. Drück dabei nicht stark mit dem Stift auf.

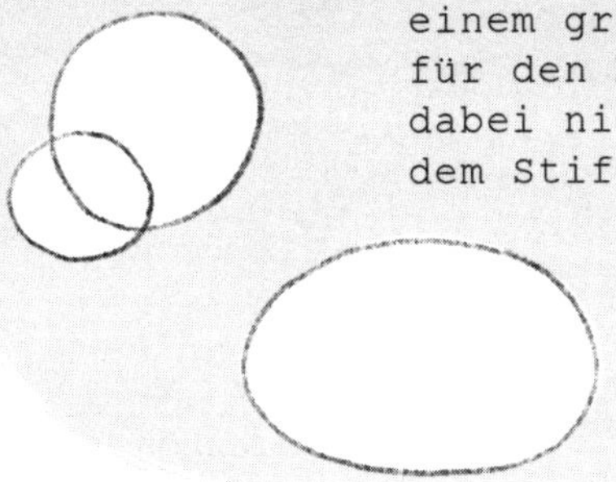

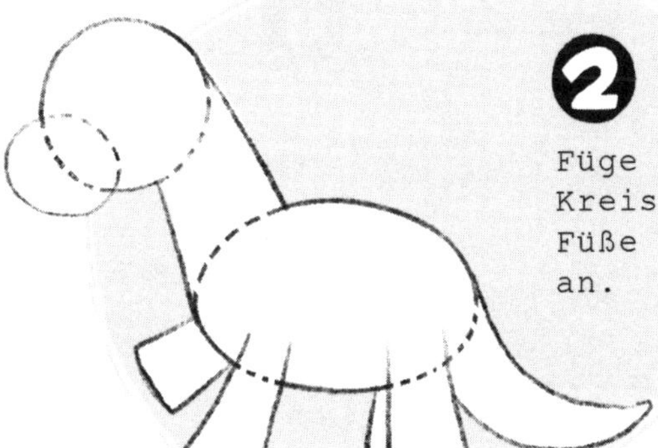

2 Füge dann an diese Kreise den Hals, die Füße und den Schwanz an.

3 Die gestrichelten Stellen brauchen wir jetzt nicht mehr, die kannst du wegradieren.

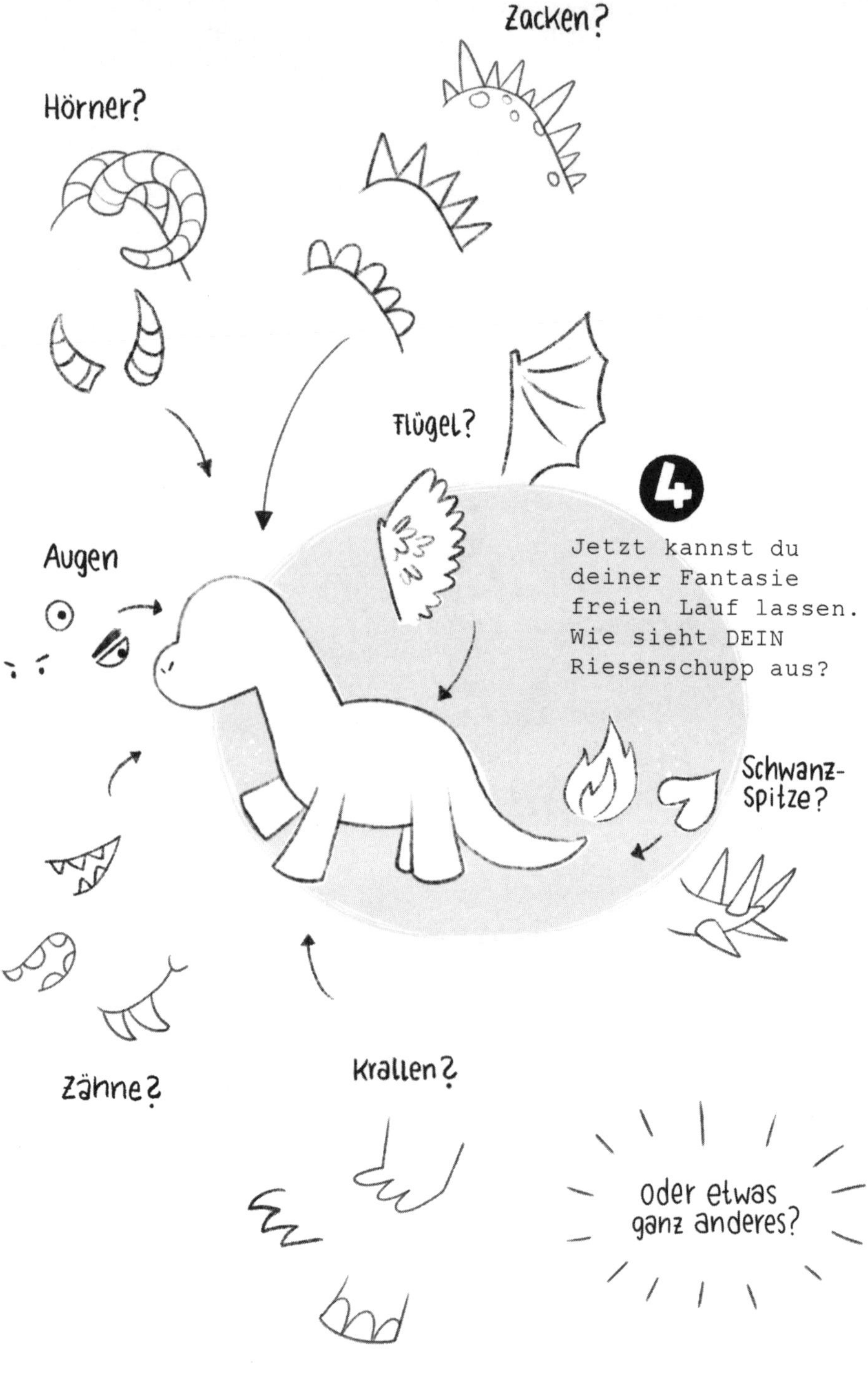

4

Jetzt kannst du deiner Fantasie freien Lauf lassen. Wie sieht DEIN Riesenschupp aus?

5

Radiere die Linien,
die dich stören,
einfach wieder weg.

6

Dann kannst du noch
Schuppen und ein
paar Schatten ein-
zeichnen. Und ...

Jetzt bist DU dran:

Probier es ruhig mehrmals. Mit jedem Mal wird es dir besser gelingen!

Viel Spaß!

Vier tierische Kommissare ermitteln!

Anna Böhm
Die Tierpolizei. Kommissare mit Fell und Feder
Band 1
224 Seiten · ab 8 Jahren
ISBN 978-3-7891-2123-4

Anna Böhm
Die Tierpolizei. Ohren hoch oder es knallt!
Band 2
224 Seiten · ab 8 Jahren
ISBN 978-3-7891-1477-9

Anna Böhm
Die Tierpolizei. Mach nicht so 'ne Welle!
Band 3
224 Seiten · ab 8 Jahren
ISBN 978-3-7891-2134-0

Ob ihr Freund Tjalle verschwunden ist, das Kaninchenkind Rosine seine Mama sucht oder das Flüsschen, an dem die Otterfamilie lebt, ganz und gar ausgetrocknet ist – das sind alles Fälle für die Tierpolizei. Immer starten die vier tierischen Kommissare mit Fell und Feder sofort die Ermittlungen und das Abenteuer beginnt!

Auch als eBook und Hörbuch

Oetinger

Weitere Informationen unter:
www.oetinger.de

PFAU DER HERZEN

Mark

- der Schönste im ganzen Park
- war schon mal im Fernsehen
- schwindelt nicht. Fast nie!

Die Flamingos

- lieben Fragen
- lieben buntes Essen
- können sehr gut auf einem Bein stehen

ROSAFARBENE ZEUGEN